让 教育 更明亮

教育升维的四个要素

常生龙 / 著

上海教育出版社
SHANGHAI EDUCATIONAL
PUBLISHING HOUSE

目　录

序言： 教育的要素

教育是一个复杂的系统，由诸多要素构成。从不同的角度看，这些要素还会呈现不同的形态。从宏观层面看，促进人的全面发展的教育活动涉及德育、智育、体育、美育、劳动教育等五大要素；从中观层面看，确保教育活动有序开展需要关注教育主体、教育目的、教育内容、教育规律、家庭责任、教育场所、资源整合、教育评价等要素；从微观层面看，要促进学生健康活泼地成长需要重点关注学科思维、学生认知特点、教学方法、学习分析、学习评价和反馈、教育影响等要素。这些要素各有特点，相互依存、相互作用，共同推动教育的发展。其中任何一个教育要素出现变动，都会引起教育系统整体的连锁反应，就像南美洲亚马孙热带雨林中的一只蝴蝶扇动几下翅膀，就有可能在两周后引起美国得克萨斯州的一场龙卷风一样。

教育的要素是影响教育发展的关键因素，自然也应成为教育工作者思考教育问题的立足点和抓手，这是本书写作的逻辑起点。但教育要素是如此复杂和多样，要想在一本小书中对它们逐一探讨显然是不可能的。本书主要聚焦中观层面的教育要素，从中选择教育目的、教育规律、家庭责任、资源整合这四个要素做一些分析和讨论，以期引发读者对教育活动中诸要素的关注和思考。

目的是人类对活动结果的期待，直接影响着人们的观念和行为。说起教育的目的，从宏观层面看，是落实立德树人根本任务，培养德智体美劳全面发展的社会主义建设者和接班人；从微观层面看，则是落实课程目标和教学目标，尽最大可能实现课程的育人价值。那么，从中观层面看，教育的目的应该是什么呢？这个问题没有确切的答案，人们可以从不同的角度来理解。我从促进孩子的个性发展以及培养孩子的学科核心素养的角度出发，梳理出养成良好的习惯、培养批判性思维、懂得为生活而学、成为合格的公民、走自我发展之路、感受生命的气息六个方面，希望家长以及教育工作者多一些这些方面的思考，不断更新自己的教育观念。

人的成长是有规律的，包括身体发育的规律和心理成长的规律；育人也是有规律的，要实现育人的目标，理解规律、尊重规律是应有之义。《生命的节奏》这一篇，主要介绍学龄前儿童生理和心理方面的一些特点。《不同学段学生的特点》这一篇则讨论了将学段划分为幼儿园、小学、初中、高中等的背后所隐含的生理和心理机制。其后一篇，则介绍学习科学。学习科学是一门新兴的交叉学科，虽然出现的时间不长，但在帮助人们认识和理解学习的内在机制方面发挥了重要的作用。在此基础上再去理解心理学的理论和教学的规律就会更加容易，也能更加深刻地体会到"要相信孩子"这句话的价值和意义。

家庭是孩子的第一所学校，父母是孩子的第一任教师。家庭所创设的文化环境、父母养育孩子的方式方法，都直接影响着孩子的身心发展。家长是孩子成长的第一责任人，必须明确自身的职责。高质量的教育，要求家长和学校、教师在养育孩子方面达成高度的共识，形成协同育人的合力。这一方面有赖于家长不断学习，努力提升自身的育人本领；另一方面需要学校和教师给予家庭更多的指导，帮助家长理解孩子行为背后的各种生理、心理机制，洞悉孩子的内在需求，帮助孩子更好地成长。

教育离不开文化的自我摸索和自我生产，人的心灵如果没有文化滋养便会荒芜。学习和思考永远都置身于文化情境之中，并永远依赖文化资源。因此，教育的一项重要任务就是要整合学校、家庭、社会等各方的资源，为孩子的健康成长提供厚实的文化沃土，努力形成全社会都关心教育、支持教育发展的新格局。本书的最后一辑，通过一些学校的典型案例，介绍了学校资源整合以及文化建设的一些方式和路径。在数字化助推教育转型发展的大背景下，相信还会有更多新的路径和方式出现。

教育的要素是一个值得深度探究的话题，要讨论的内容还有很多，希望这本小书能起到抛砖引玉的作用。限于个人的学识，书中难免会有一些表述不够精准甚至谬误之处，敬请各位读者批评指正。

第一辑

教育的目的

学生是有血有肉的人，教育的目的是引导他们的自我发展之路。

——英国哲学家、教育家怀特海

一切教育的真正目的，是人，即人的身体、思想和灵魂的和谐发展。

——美国教育家帕克

01 养成良好的习惯

叶圣陶认为，"教育"这个词，往精深的方向说，一些专家可以写成鸿篇巨制；可是粗浅地说，"养成好习惯"这一句话就说明了它的含义。怎样的习惯才算好？能使才能、人格充分发展的是好习惯，能把事情做得妥善的是好习惯，能使公众得到福祉的是好习惯。

一、习惯是长久养成的生活方式

习惯指的是在较长的时间内逐渐养成的生活方式。习惯的养成与人所生活的环境有很大关系。一个人生活在脏乱差的环境里，自然就会养成随手丢垃圾、随地吐痰等不良习惯。当他来到一个全新的、四处都明亮整洁的新环境，会产生明显不适，但他也会努力去适应新的环境，逐渐改变自己过去的行为，进而形成新的生活方式，养成新的生活习惯。

对孩子来说，良好的生活和学习习惯，与家长和学校所营造的适宜的生活和学习环境有着密不可分的关系。1978年，75位诺贝尔奖获得者在巴黎聚会。有个记者问其中一位："在您的一生里，您认为最重要的东西是在哪所大学、哪个实验室里学到的呢？"那位白发苍苍的诺贝尔奖获得者平静地回答："是在幼儿园。"记者感到非常惊奇，又问道："为什么是在幼儿园呢？"诺贝尔奖获得者微笑着回答："在幼儿园里，我学会了很多很多。比如把自己的东西分一半给小伙伴；不是自己的东西不要拿；东西要放整齐；饭前要洗手；午饭后要休息；做错事要表示歉意；学习多思考；要细心观察大自然……"由此可见，良好的习惯对人一生发展的重要性是不容置疑的。一个人成功与否，往往取决于是否有良好的习惯。

不良的习惯，是孩子成长的大敌。人们身上的各种恶习，有不少是从小养成的。孩子很小的时候，就可能模仿成人说出一些粗俗的话语、做出一些出格的事情来，但一些家长常以孩子还年幼无知或小事一桩为由，原谅了孩子的这些不良言行，甚至还引以为豪，当孩子在别人面前进行这粗俗的表演时开怀大笑。家长没有想到，正是这样的纵容让孩子一遍遍地重复"同样的故事"，进而形成了恶习。米歇尔·德·蒙田（Michel de Montaigne）说："习惯是一位粗暴而阴险的教师，它会悄悄地在我们身上建立起一种权威，起初它是那么地温和谦恭，但是时间一久，它便会深深扎根，并最终暴露出凶悍而专制的面目，我们也就再也没有了自由，甚至是不敢抬头看它一眼。"①

习惯成自然，人们在做习以为常的事情时就会不加判断。因为习惯，人们对很多不合常理的事情也会熟视无睹了。就拿教育来说：在学校里 40 分钟的上课时间里，厕所的资源完全闲置，而下课的 10 分钟内，厕所的资源又非常紧缺，这里就有学校管理的习惯问题；教师总觉得上课时间不够用，要讲的东西太多，但拼命讲课并不受学生欢迎，学生的学习成绩也不好，这里就有教师教学的习惯问题；学生喜欢做有明确答案的题，如果来一个开放性的，或者有不确定性的题，他们就会感到束手无策，这里就有教的习惯和学的习惯的问题……

二、习惯决定命运

每年的清明前夕，长三角地区的人们品尝"三鲜"（河豚、鲥鱼、刀鱼）的欲望都是非常强烈的。我也是到上海工作了好几年后，才逐渐

---

① 蒙田. 蒙田随笔［M］. 程丽平，译. 合肥：安徽人民出版社，2012：19.

知道了"三鲜",知道了当地人对这三种鱼那份复杂的情感。

有个《三种鱼的故事》,讲的就是捕鲥鱼、刀鱼和河豚这"三鲜"的故事。"渔民捕这三种鱼用的是同一种网,形状很像排球网。渔民把网拦在江中,让鱼钻到网眼中去。鲥鱼头小身子大,头钻进去后身子就进不去了,这时鲥鱼只要往后一退,就能脱逃,但鲥鱼爱惜鱼鳞,死不后退,就被渔民捕获了。刀鱼看到后,心想:这家伙真笨,向后退一下不就行了吗?于是,刀鱼穿过网眼后就迅速后退,结果两边的鱼鳍卡在网上,其实刀鱼只要继续向前就能穿网而去,但它吸取了鲥鱼被抓的教训,拼命后退,身子就被网眼卡住了,终于被渔民捕获。河豚看到它们被抓,心想:你们真笨,碰到网不前进不后退,不就不会被抓住了吗?于是,河豚碰到网后就拼命给自己打气,把自己打得鼓鼓的,结果漂浮到江面上,被渔民轻而易举捕获了。"①

三种鱼的形体特征,就在这生动有趣的讲述中,非常传神地展现了出来。而故事的背后,是另一个深层次的问题——习惯问题。人就像上面的三种鱼一样,常常被自己的习惯和天性害惨,却根本就不知道错在哪里。想想真是如此啊!

有的人每天胡吃海喝,将自己吃得膀大腰圆,"三高"等多种问题已经不同程度地出现。但一坐到饭桌上,这些人就又控制不住自己,非要吃饱喝足才罢休。饭后让其走一段路锻炼一下身体,就像要他的命般痛苦,怎么也挪不动脚步。

有的教师经常抱怨新教材编得不够好,教起来缺乏"系统"性。而所谓的"系统",其实就是自己依托前面的一套教材养成的一种习惯。实施新课改,要求教师有新的理念、新的教学手段和方法,为了配合这些变化,又给师生提供了新的教材和教学内容,但教师常常被过去的习惯所束缚——很不情愿地用了新教材,却还是要将教学想方设法地拽回到老教材的套路上来。

---

① 许嫒娇,王小奇,王梦姣.江鲜背后是富春江渔文化的记忆 [N].富阳日报, 2018-09-18 (3).

有的人每天晚上熬夜，或为了在网上猎奇，或为了与人聊天。天天如此，年年如此，以至于哪一天没有上网，就像掉了魂似的。有的人每天晚上守在电视机前，一个频道接着一个频道地看，一直看到自己睡着，电视机在床前继续孤独地表演……

这样的例子还有很多，不再一一列举了。习惯是决定命运的关键。每个人都有良好的习惯和不良的习惯。苏格拉底（Socrates）有一句话："认识你自己！"这告诉我们，人不仅需要不断地拓宽自己的视野，认识世界的万千事物，更需要不断向内探索，一点点地了解和认识自己。其中就包括正确认识自己良好的习惯和不良的习惯。人是顺着自己的习惯活动的，在习惯中生活有一种舒适的感觉，但有很多的习惯可能是不良的。这些不良的习惯常常使我们失去了发展的机会，让我们平庸而来，又平庸而去。

三、习惯的养成

在漫长的学习旅途中，知识的积累自然是必不可少的，但比这更为重要的是培养良好的习惯。比如勤于阅读的习惯，让阅读成为自己的生活方式。科学技术的迅猛发展极大地加快了知识更新的速度，想用学校里学的一点知识去应付社会上的各种变化，越来越不现实。我们需要终身学习，其基础就是良好的习惯。比如善于寻求合作的习惯，众人拾柴火焰高。个人单打独斗的时代已经过去，发挥团队的力量攻坚克难，是当今主要的工作方式，这需要我们在基础教育阶段就引导孩子。比如服务社会的习惯，在承担职责的过程中享受社会给予的各种权利。权利和义务是对等的，只有尽了自己的义务，才能享受应有的权利，这应该成为每个公民的共识。

从小的方面说，学生在校期间，应该养成的好习惯就更多了。在行为举止方面，包括见到他人要打招呼，开关门窗动作要轻，在狭窄的楼道空间内不能快速奔跑等；在自我管理方面，包括每天按时作息，作业书写规范，课堂上主动发言，积极参加各种文艺活动，坚持每天锻炼一小时等；在待人接物方面，爱护学校的公共财产，尊重同学和老师，未经他人允许不随意触碰对方等。一个个良好习惯在人身上的综合体现，就是一个人的品格。

从心理学的角度看，习惯是一个人反复做一件事情之后形成的行为倾向。我们反复做一件事情，直到它不再引起意识的注意，这时候就养成了一种习惯。如果你是有车一族，想一想学车的经历，就能很容易地明白这一点。刚开始学车的时候，手脚常常不听使唤，自己的眼睛经常不是看着挡风玻璃外面的道路，而是眼前的方向盘、仪表盘，甚至还要低头去看那些挡位和油门、刹车。身体的每一个动作都能引起你的注意，搞得你手脚忙乱、险象环生。随着经验的积累、驾驶技术的日趋成熟，开车的时候你手上、脚上的很多动作逐渐变成下意识的行为，不再引起你的注意，你只关心前方，开车的习惯也就此养成了。

从神经科学的角度看，所谓习惯，就是在大脑中建立起的一个个比较稳定的反馈回路。反馈回路由三个部分组成：引发行为的线索、行为产生的程序、我们从行为中所得到的好处。就拿喜欢吃甜食这件事情来说吧，引发这种行为的线索通常是焦虑，程序是选择去吃八宝饭、甜甜圈之类的甜食，得到的好处是暂时抑制焦虑。这样的回路一次次地重复激活，最终人就形成了吃甜食的习惯，即使自己当下并不焦虑，看到了甜食也会情不自禁地想吃。阅读习惯的养成也是如此，阅读的原因通常是对未知世界的好奇，程序是选择书本来阅读，得到的好处是原来的好奇心得到满足，同时又会产生新的好奇。

养成好习惯有两个层面的含义。一是个体原来就已经养成了某种习惯，但这种习惯非常不好，需要通过自身的努力来改变这种习惯。比如一些人平时喜欢抱怨，经常把自己的心态搞得很差，不仅对他人无益，更伤害了自己。这种习惯的改变通常比较困难，主要是因为这种习惯常常是在无意之中就产生的，需要通过有意注意，才能被自己所关注，才有改变的可能。二是个体没有养成某种习惯，需要通过一段时间有意识的反复练习，让其成为无意识的自然行动。这种习惯的养成需要的是坚持不懈的训练和持之以恒的坚守，不能三天打鱼，两天晒网。

心理学家研究发现，无论是改变一个坏习惯还是养成一个好习惯，关键是行为产生的程序，而不是引发行为的原因或得到的好处。就拿"抱怨"来说吧，很多人喜欢抱怨，原因是他看到了生活、工作乃至生命中不足的一面，而抱怨的好处是有可能让自己得到同情和认可。其中，原因是无法改变的，而好处是应该得到的，要改变抱怨这一坏习惯，必须从行为产生的程序出发，将那些抱怨的话语用积极的言语替代。养成一个好习惯更是如此。每个人都有好奇心，都希望自己能见多识广，但为什么很多人没有良好的阅读习惯呢？其主要的问题就在行为产生的程序这个环节。我们没有给那些想养成良好的阅读习惯的人有效的帮助，让他们在打开书本之后，就被书中所描绘的精彩世界所吸引，或在他们遇到阅读困难的时候及时给予指导和帮助，让他们有拨云见日、豁然开朗的顿悟和喜悦。很多年龄相近的人，因为家庭环境等的差异，阅读能力的差别是很大的，适合阅读的文本也是有很大差异的。如果我们能因势利导，对症下药，为每个孩子量身定做适合自己的阅读方案，那让孩子养成阅读的好习惯，就不是一件难事。孩子的阅读如此，成人的阅读也是如此。

四、需要重点培养的行为习惯

下列行为习惯，是家长和教师需要特别关注的：

1. 把一件事情做到底

坚持将一件事情做到底是非常困难的，我对此有深刻的体会。我在2005 年评上特级教师之后，给自己定了每天写 1 000 字以上的博文、每周读一本书并写出 3 000 字以上的读后感的目标。这些事我一直坚持到现在。其中的辛苦，或许只有我自己知道。很多博友看了我的博客后，都说要和我呼应着写，但坚持了一段时间就陆续打退堂鼓了。

世界上没有一步登天的事，任何事情都不可能随随便便成功，没有坚持不懈的积累，那看上去小小的一步，可能就会成为无法跨越的距离。

2. 孝敬父母

百善孝为先，孝是做人的起点。一个不爱自己父母的人，更不用说去爱其他人以及爱祖国了。

一个有孝心的人，是善于换位思考，始终将父母装在心里的人。他在成长的过程中，善于照顾好自己，不让父母为自己操心；他始终坚守"你养我长大，我陪你变老"的信念，让至亲之情因为双方的共同努力而愈发醇厚，而不是彼此看着对方的背影，若即若离。

在求学的过程中，尊重家长的教导、接受家长的监护、努力实现家长对自己合理期望等，都是孝敬父母的具体体现。

3. 说了就一定努力去做

言而有信是一个人的立身之本，信守诺言是一个人应该具备的基本素质之一。"说了就一定努力去做"意味着实事求是，不说瞎话。做人做事如果不能做到这点，那么可能不仅仅损害自身形象，有时甚至会带来灾难性的后果。

4. 用过的东西放回原处

归位意识体现在个人生活中，是整洁的生活状态；体现在公共场合中，是一个人的公德心和对公共财物的责任心。养成"用过的东西放回原处"的习惯，什么东西放在什么地方就会一目了然，有的时候取放东西就像本能一样，根本不会浪费什么时间，会提高生活、学习和工作的效率。

5. 认真写字

字如其人。字在一定程度上反映了一个人的个性特征。美国心理学家赫尔斯坦认为，笔迹是大脑传递给手指的意念，就像指纹一样，世界上没有完全相同的笔迹。写字绝不仅仅是一种技能，更反映了一种思维方式。养成认真写字的习惯，可以塑造孩子的性格，以及对事、对人、对生活的积极态度。

6. 勤于阅读

阅读本身对人的影响是长远的、潜移默化的，不是靠读或者背几本书就可以显现出来的，需要一个从量变到质变的过程。在孩子小的时候，培养他们的读书兴趣和习惯，好比盖房子打地基，或许一时还看不出来房子的样子，但是地基打好了，后面想怎么盖就怎么盖。地基打不好，后面盖楼用的砖瓦再漂亮、昂贵都没有用。

7. 从错误中反思自己

人的智慧来自反思。学习是一个争取正确的过程。在这个过程中，必然会出现这样或者那样的错误。恰当的反思能使错误变成经验，成为继续学习的宝贵资源。

02 培养批判性思维

自 20 世纪 80 年代以来,许多发达国家和发展中国家都将培养批判性思维作为教育的目标之一。近年来,随着各个国家越来越将教育改革的重点聚焦于培育学生的核心素养,批判性思维作为核心素养的重要组成部分得到了各方的高度关注和重视。批判性思维的主旨是关于思维的思维——当我们考量某个主意好不好的时候,我们就在运用批判性思维。养成运用批判性思维的习惯和学习运用批判性思维的技能,都会让人变得更聪慧,这两者同等重要。

一、信息传递的特点

将信息从一处传递到另一处通常会涉及三个要素:信息源、传播媒介、接收者。通常情况下,信息在每一个环节都会产生损耗、失真甚至失实,导致最后接收到的信息和最初的信息不一致,甚至可能产生很大的差异。

先说信息源。一个信息经过信息源向外发送时,就可能出现失真的情况。就拿打电话这件事情来说,信息是你发出的,经由手机这个传播媒介向你的朋友(接收者)发送出去。你还沉浸在刚遇到的一件事情所带来的情绪之中,在通话的时候面部表情很丰富、身体也有各种姿势来配合你的讲述,但这些信息你的朋友都无法接收到;即使是你讲话的声音，也因为转化过程而失真不少。

不管是普通人还是某一领域的专家，都存在知识的盲区和认识上的偏见。他们在将自己知道的一个信息讲出来的过程中，也会产生信息的损耗甚至扭曲。信息发布的过程中，必然会存在这样或者那样的损耗，这几乎是不可避免的。

再说传播媒介。相信很多人都做过信息传递的游戏。A 将一句话说给 B 听，B 在听了之后再将这句话传给 C……就这样依次传递下去，大约传递十个人后结束，然后请最后一位将听到的话复述一遍。你会发现这句话和 A 所讲的那句话相比，已经面目全非了。

信息在传递的过程中，每经过一个节点，就会发生损耗或失真的现象。即便是在两个节点之间，也有可能发生信息衰减、遗失的情况。所有的传播媒介都会消耗能量，也都会导致信息的变异，这是杜绝不了的。

最后说接收者。信息传递到了接收者这里，他能否完整地接收到信息呢？几乎也是不可能的。首先，他的知识储备、知识视野决定了他对到来的信息有多大程度的理解，只有被理解的信息，才有可能被接收下来；其次，他的情绪和心理状态也影响着对到来的信息的理解和接收；再次，周围的环境对他辨析信息也会产生很大的影响。如果他在接收音频信号时，处于非常嘈杂的环境之中，这些环境中的背景音就会产生干扰，导致信息接收不畅。

通过对信息传递的要素和特点的分析不难看出，信息在传递过程中不断发生畸变，是现实世界的常态。也正是因为如此，人们在学习和生活的过程中，不能简单地全盘接受各方传递过来的各种信息，一方面要能用审视的眼光，分析所接收到的信息可能会产生的畸变；另一方面要学会用系统的方法，对接收到的信息进行合理的解释、推理甚至还原。

上述面对信息的畸变应采取的思维方式，就是本节要重点讨论的批判性思维。

二、养成独立思考的习惯

拥有批判性思维能力的前提是养成独立思考的习惯。

从某种意义上说，独立思考是人的一种本能。人从来到这个世上，就开始用自己的各种感官来感知世界，并通过独立思考来拼凑出世界的模样。在孩童时期，每个人脑海中的世界都是五彩缤纷、各不相同的，有非常鲜明的个性特征。但传统教育最善于做的事情，往往不是呵护孩子的独立思考能力，培养孩子的独立思考习惯，而是从社会规范、课程标准的角度对他们提出统一的要求，进行相同的约束，把一个个各具特色的孩子转变成一个个"标准件"，然后推向社会。在这个过程中，作为个体的人不见了，独立的思想也不见了。

不仅学校的教育如此，现实生活中的人们也普遍缺乏独立思考的习惯：看到一则信息，不假思索地转发，有时还会进行一番评论，等过了一段时间才发现，这是一个假消息；看到大家在议论一件事情，也很积极地参与其中，高谈阔论了很久尚且不知自己的发言离题很远……

我们缺乏独立思考的习惯，与多方面的因素有关。一与我们学习和接受知识的方式有关。人们接受知识的主要途径是阅读和跟着他人学习。无论采取哪种途径，都是被动地接受知识，很少像老朋友那样认真倾听对方的观点和想法——既要理解对方的观点，又要保持独立思考，以怀疑、批判的态度有选择地接受对方的观点。二与我们在学习的过程中太过于强调标准答案导致人们产生了一种思维惰性有关。学生在回答问题、做作业时，成人在处理生活或工作中面临的问题时，一旦得到了结果，往往就不会再去深入思考，探索这个问题是否还存在其他可能性以及分析答案是否合理、是否还有需进一步完善的地方。三与现在知识体系越来越庞杂而人们的学习仅仅局限于其中很小的一块有关。伴随着学科知识的日益丰富，同一个学科内分化出来的学习内容也越来越丰富，很多人即使通过在大学深造，也仅仅只了解了该学科领域很小的一个板块，更别说了解和熟悉其他学科了。过于狭窄的知识学习，与人们面对社会事务时需要具备综合的知识和素养本身就是一对矛盾，知识和视野的局限导致很多人无法通过独立思考来做出判断或决策。四与人们所处的生活环境、文化环境有关。人是群体性动物，在群体生活的环境中，顺大流是一种"明智"的生存策略，可以让自己在群体中不露头，找到属于自己的生态位。那些在群体生活中总能独立思考并提出独特的见解的人，往往会有被视为"另类"的可能。他们还有可能受到冲击，甚至付出生命的代价。反而是那些从众的人找到了生存的法门。

在这个知识爆炸、职业更替日趋频繁的时代，仅靠学校所教的那些知识远远不能满足学生一生的需求。培养学生的批判性思维，让他们在面对社会和科技的新变化时及时做出分析和判断，把握机会，显得非常重要。如前所述，批判性思维的基础就是独立思考的习惯，这是需要在平时的教育教学中日积月累地培养起来的。其中，教师的以身示范尤为重要。

独立思考的习惯需要在基础教育阶段加以培养，这需要教师自身具备独立思考的习惯和意识。一切教育问题，终究要从一线教师身上来寻找出路，因为最终面对学生的还是一线教师。黄玉峰显然就是这样一位教师。他在告诉学生自己的每一个观点时，总会把自己得出这个观点的完整过程一并告诉学生，学生在潜移默化之中，就养成了独立思考的意识，习惯也在其中培养了。

《上课的学问：语文教学优质资源的获取和运用（方法篇）》一书，是黄玉峰给大学生上课的系列讲座的汇编。在这本书中，他介绍了自己给学生讲解屈原的作品《离骚》的做法：他从司马迁的《史记·屈原贾生列传》中查找史料；用班超、刘勰、颜之推、白居易、孟郊等对屈原的评判还原屈原的人格特征；以王孝伯等一批屈原的拥趸为样本，分析这些粉丝喜欢的是他的哪些方面……在大量史实的基础上，黄玉峰向学生还原了一个真实的屈原。他告诉学生，屈原不是一个伟大的政治家，也不是什么道德完人，他是一个特立独行、无视世俗的性情中人，是一个恃才傲物、相当自恋的个人主义者，是一个苦恋故土和国君的痴心人，也是一个才华横溢的才子。这样一个有血有肉的个体，更容易让学生理解和接受。

黄玉峰认为，思想的控制无非是两种手段：一种是在入口，封锁事实的来源，不让人知道多方面的信息；另一种是在出口，统一思维的方向。而要培养学生独立思考的习惯，就必须在这两个方面做出努力。学习一篇文章，要尽可能多地给学生提供课程资源，包括正反两个方面的观点，让学生在充分掌握资源的情况下，做出自己的判断，形成自己的观点。在评价和考试的时候，尽量少用"标准答案"来禁锢学生的思维，要让他们用自己的话说出自己的思考和想法。在黄玉峰看来，语文好比一张乐谱，是作曲家心中的旋律凝固在纸上而成的；而听众所听到的，是演奏者自己理解的作品，带着演奏者的烙印，而音乐微妙的魅力恰恰就在这个地方。只有在接触大量的事实和不同的体验之后，学生才可能真正明白那些抽象的思想和观念说的是什么，才谈得上独立判断。

学生喜欢的教师是那些具有独立思考能力的教师。教师自己不迷信专家、不迷信书本，能在教学中提出对所学内容的新见解，往往能启发学生更多的思考。而这样的思考通过师生之间的互相传递和思维碰撞，会给学生带来非同寻常的认知体验，吸引他们沉浸到对所学内容的思考之中，沉浸在对学科美的感悟之中，并被学科的无尽魅力所震撼。课堂上时常有这样的体验，学生就不会感到厌倦，而会总是期待着老师的到来。而那些缺乏独立思考的教师，常常把最富有活力的学科搞得索然无味，把精美的教学内容弄得黯淡无光。

现在的课程改革总是强调要培养学生的个性，其实最为关键的是要让每一个教师都有自己的个性，有自己的独立思考。教师不再总是在课堂上念教参了，不担心课堂会"失控"了，而是敢于让学生发表自己的主见了，会独立思考的学生就会慢慢多起来了。

三、批判性思维的概念

谈起批判性思维，很多人常会将目光聚焦在"批判"这个词上，强调对错误的思想或言行加以批驳、否定。其实，批判性思维的含义绝不仅仅局限于此。在批判性思维中，"批判性"是一个不可分割的词汇，如果说"批判"是否定的，那么"批判性"更多指的是一种理性的思考，是一种审辨式、思辨式的评判，多是建设性的。

批判性思维的精神实质在 2 500 年前就已经存在。苏格拉底所说的"未经审视的生活不值得过"，就是对批判性思维最好的诠释。他所开创的探究式质疑，也就是我们熟知的"苏格拉底对话"，是开展批判性思维的生动实践。其特点是采用追问的方式来揭示对方认识中的矛盾，以此来培育人们的一种思维方式，强调系统且理性的思考，主张透过现象看本质。自苏格拉底以来，批判性思维经历了长时间的发展，并于 20 世纪 80 年代起受到了世界各国的重视。

尽管人们从不同的角度对批判性思维开展了多方位的研究，但由于批判性思维自身的特点、研究视角的差异等原因，到目前为止，还没有哪一个定义得到普遍认同。在有关批判性思维定义的各种版本中，较有影响力也较被广泛接受的是美国伊利诺伊大学荣誉教授罗伯特·恩尼斯（Robert Ennis）给出的界定。他的定义非常简洁，所谓批判性思维，是"为决定相信什么或做什么而进行的合理的、反省的思维"。[①] 恩尼斯是国际公认的批判性思维权威，被尊为美国批判性思维运动的开拓者。

从大的方面看，人们对批判性思维的研究主要有三个不同的视角，即思维过程的视角、思维技能的视角、思维倾向的视角。下面做一下简要介绍。

一是从思维的过程来探讨，认为批判性思维强调合理的反思和充分

---

① 陶威，沈红. 批判性思维可教的涵义及实现 [J]. 教育理论与实践，2022，42（10）：51.

的思考。这一研究视角的代表人物之一是约翰·杜威（John Dewey），他将批判性思维定义为"反思性思维"，即能动、持续且细致地思考任何信念或被假定的知识形式，洞悉支持它的理由及其进一步指向的结论。在 1910 年出版的《我们怎样思维》一书中，杜威对人类天生的思维模式进行了分析，认为这种原生的思维模式主要有三种：一是不受自己意识控制的思维漫步，如发呆、胡思乱想等；二是在不经意之间对故事进行的思维加工，让故事在不断的虚构中丰满起来；三是没有证据的信念，如坚信某件事情一定会发生等。针对原生思维模式的局限性，杜威提出反省性思维，和人类的原生思维相比，反省性思维具有如下特点：一是强调思维的目的性，要有结果呈现，不能开无轨电车；二是强调持续的、连续不断的深入思考，不能断断续续、没有章法；三是强调这样的反省不仅针对外界，同样也针对自己的考察、检验和探究，要对自己所保持的观念、信念等进行反省。除了杜威之外，这一领域的代表人物还有彼得·范西昂（Peter Facione）等，他们都认为合理反思和充分思考在批判性思维中具有重要作用。

二是从思维的技能来探讨，特别强调思维技能习得的重要性。理查德·保罗（Richard Paul）是该研究视角的代表人物之一。他认为，批判性思维是一个对信息概念化、应用、分析、综合、评估以得出答案或结论的过程，必须通过学习和练习才能获得。保罗认为，大多数人的思维方式都是潜意识的，如果自己不能意识到自身的思维过程，要想改变思维就非常困难。保罗为此提出了以思想的元素、思想的标准和心智的品格特质为标志的三元批判性思维模型，来帮助人们认识自身的思维特点。杰拉德·诺希奇（Gerald Nosich）则对保罗的这一模型进行了完善，将其变成具有四个维度的模型：思想的元素——思考自己的思维时，你要思考些什么东西？理智标准——要让你的思维变得更好，它应该有哪些品质？理智德性——一个人成为批判性思维者要具备哪些特征？障碍或阻碍——什么妨碍人们的思维？

三是从思维的倾向来探讨，强调批判性思维的主旨是关于思维的思维。

布鲁克·诺埃尔·摩尔（Brooke Noel Moore）和理查德·帕克（Richard Parker）在他们合著的《批判性思维：带你走出思维的误区》一书中指出，批判性思维就是"审慎地运用推理去断定一个断言是否为真"，是指"对我们面临的断言进行评估"。所谓断言，就是口头或书面交际中传递出来的信息、表达的意见或者信念。比如"黑妹牙膏具有美白牙齿的作用""上海是全国人口最多的城市"等。这样的表述是真是假，需要通过批判性思维来进行检查和评估。换句话说，当我们用口头或者书面语言给出一个断言时，还要有勇气不断审视自己的断言，学习用批判性思维对其进行检验和评估、反思和验证。这是一个批判性思维者应该具备的习惯。

钱颖一指出，批判性思维是人的一种高级思维，其主要特征有两个：一是懂得如何质疑，即"会提问"，这是批判性思维的起点；二是懂得如何判断，即"会解答"，也就是用有说服力的论证和推理给出解释和判断。把这两个特征结合在一起，批判性思维就是以提出疑问为起点，以获取证据、分析推理为过程，以提出有说服力的解答为结果的一种思维。

四、批判性思维的基本工具

培养批判性思维的本质是培养人们区分事物表象和本质，判断事物真伪的能力。具备批判性思维能力的人，在面对具体的信息时，能始终保持独立而理性地思考，不会盲从附和或者盲目相信权威，对信息抱有审慎的态度，懂得发现和分析问题。那么，该如何发展自己的批判性思维呢？

从上述的讨论可以知道，从不同的视角来研究批判性思维，都发展出了一整套的理论体系，从各不相同的角度来探索批判性思维的培养。这是一个非常复杂的体系，想要对它们有较为完整系统的认识，需要足够的精力和时间来保障。但从宏观的层面看，把握以下五点就可以让自己的思维品质得到极大的提升。

一是学会提问，并不断明确问题，明确自己想要什么。批判性思维的培养捷径就是学会提出有价值的问题。所提问题的质量决定着一个人的思维质量。没有问题便没有思维，也不可能有理解；提出呆板的问题意味着自己的思维是惰性的；提出肤浅的问题意味着思考和理解也是肤浅的；提出模棱两可的问题意味着思考和理解是含糊不清的；只有能提出高质量的问题，才说明自己真正懂得了这个领域的知识，有了深入的思考和理解。

二是搜集与所提问题相关的各方面的信息。搜集的信息越是全面多元，越有助于理解问题。在搜集信息的过程中，最需要警惕的是自己的偏见。一些先入为主的成见，会让自己在搜集信息的过程中，只关注自己偏好的东西，而忽视了其他信息。要学着让自己保持中立，将正面的和反面的信息尽可能多地加以搜集，以便自己后续能做出正确的判断和抉择。

三是运用信息，可以通过问一些关键性的问题对信息加以运用。根据所掌握的信息，对事情的是非曲直做出判断。很多时候，正反两方面的信息针锋相对，看上去都有一定道理。这个时候如何运用信息就成了一件棘手的事情，需要进一步提出一些关键性的问题，对正反两方的信息来源的可靠性等做出评估，为自己的决策提供支撑。

四是考虑所做决定的后果和影响。做出相关的决定之后，不要立刻去执行，而是要分析、研判一下，这样的决定带来的后果是怎样的，可能会遇到什么样的麻烦或风险，有没有应对的举措，是否会出现决策无法得到落实的现象。

五是广开言路，看看是否会有其他的可能性。对一件事情的处理，往往可能有多种路径和方法，由于自己知识、视野的局限，有些路径自己根本就不知道，处置的方法也不可能知晓。通过多种途径了解他人在这一领域的做法和经验，会给自己更多的启示，让自己打开新的思路。

在学校里，教师拖堂是一个常见的现象。学校管理者要对此事进行干预，提出恰当的问题就很重要。而且不同的问题对应着不同的着眼点，需要管理者明晰自己干预的落脚点在哪里。比如可以从资源利用的角度来思考和提问，可以从脑科学的间隔学习的角度来思考和提问等。

"教师经常拖堂，会耽误学生课间上厕所等的时间，对学生的身心健康不利。"这就是从资源利用的角度提出的一个问题。教师拖堂的原因很多，因为拖堂导致学生课间休息不够的事例也很多，搜集相关的信息是不难的。从呵护学生健康的角度出发，对这些信息加以运用，也很容易得出"教师不得占用学生的课间休息时间"的结论，很多学校就是将此作为对教师的要求提出来的。

问题是，这样的要求是否能在学校里得到贯彻落实呢？学校管理者需要对这一决定带来的影响加以审视。如果有教师在下课铃响的时候，正好有关键的几句话要讲，否则会搞得学生一头雾水，这要占用学生30秒的时间，学校是否允许？如果这能允许的话，别的教师出现45秒，甚至1分钟以上的拖堂也就可以理解了。当这样"网开一面"后，上述要求就变得形同虚设了。

那是否还有其他的可能性呢？不占用课间休息时间的初衷是为了让学生有充足的时间可以去上厕所、到饮水机那里去补充水等，但如前所述，很多学校上课时间内，厕所、饮水机等资源全部闲置，而课间10分钟这些又成了紧缺资源。能否将这些资源更加合理地使用呢？我曾有被国务院侨务办公室选派到菲律宾讲学的经历。在当地的学校，学生在120分钟里连上三节课，是没有课间休息时间的。上好了三节课之后有一段长的休息时间，师生们可以充分放松，做一些自己喜欢的事情。上课期间学生有事情，可以随时离开教室，办完事情之后再悄悄进来。我发现学生的进出对教师的授课根本没有影响，学校的各种资源也在整个学习期间有效地支持了学生的学习和生活，得到了合理的使用。

多一种资源配置的思路，就会发现此前所做的决定并非尽善尽美。利用上述五个环节的工具所搭设的思维框架，对提升个体的批判性思维能力是很有益处的。

03　为生活而学

让孩子在社会中找到自己的位置，绝不像按一下开关那么简单。它是一个持续 20 多年的漫长过程，由数以万计的小型教育场景组成。每一个教育场景都有教育的目标，哪怕这个教育目标非常微小；而几乎所有的教育场景都是生活的组成部分，教育的目标就是让孩子学会生活。

一、教育是生活的需要

自从有了人类以来，教育就是人类的生活不可或缺的一部分。人的整个生活过程同时也是受教育的过程。正如杜威所说："从教育产生之日起，人受教育不是为了别的，而是为了生活。没有人及人的生活，教育又从何谈起。"①

新生的幼儿，除了因遗传基因的作用，会主动找寻奶头，获取乳汁来维持生命之外，他的每一步成长、他的整个生活，都是受教育的生活。当然，绝大多数是非正式的教育，如在聆听成人对话的过程中学习对话和准确的语言表达，在模仿成人之中学习使用工具，学着利用自己的四肢或者代步的工具去拓宽视野和领域，学着去遵守群体的公共规则

① 王丛. 进步主义教育的代表——杜威（下）[J]. 内蒙古教育，2018（17）：69.

并在其中自得生活……生活的过程与教育的过程是完全一致的。在人一生成长的不同阶段，有着不同的生活需求，需要积累不同的生活经验。满足这些需求、获得这些经验的过程，就是学习的过程、受教育的过程。杜威给生活下的定义是："'生活'包括习俗、制度、信仰、成功和失败、闲暇和工作。"① 这包含了一个人的整个社会经验。在这里，"经验"和"生活"的内涵是一致的。

在人类社会的早期，人们主要通过社会生活沟通思想和感情，获得知识和技能。也就是说，教育和生活是融为一体的，教育在生活中进行，生活就是教育的内容。随着社会的发展，知识大量积累，人类在两个方面更加突出地体会到教育的重要性。

一个方面是人生命的有限性和知识积累无限性之间的矛盾。社会群体中每一个成员都面临生命有限这一不可避免的事实，决定了教育的必要性。同时，人们积累的知识越多，在生活的过程中需要向年轻一代传递的信息就越多，就越发需要生活中的时时刻刻都进行教育，以便新的一代能较为完整地传承好已有的文化和习俗，这也是一个族群、一个社会赖以存在的基础。另一个方面是传授者能力的有限性和知识越来越丰富之间的矛盾。大多数的成年人仅通过日常的交往已经不能完成对未成年人的教育任务。在这种情况下，学校作为正式的教育机构的作用越发凸显。学校的出现，不是为了让学生与现实的生活隔绝，或者在现实生活之外营造一个小环境，恰恰相反，学校要成为学生与社会生活之间沟通联系的桥梁。

杜威在《民主主义与教育》中写道："教育是生活的必需品。"从人类经验的传递和延续来看，教育是社会继续存在的条件；从人类经验的交流来看，教育是社会共同生活的基础。只有把教育当作一种生活，教育才能回归它的本质。

---

① 约翰·杜威. 民主主义与教育［M］. 陶志琼，译. 北京：中国轻工业出版社，2014：2.

二、教育必须基于现实生活

既然教育是生活的需要，那么所有的教育活动都应该和生活联系在一起，而且应该基于现实生活、关注现实生活、融入现实生活。这对非正式的教育来说没有问题，但对学校这个正式教育机构来说，就需要认真掂量了。

首先，今日的学校教给孩子的，不是生活经验或知识，而是一整套的经过标准化、抽象化的"套装知识"。所谓"套装知识"，就是把人所认识的世界的整体形态，经层层筛选，抽掉个人的特殊经验，留下那些公认的基础材料，再经分门别类、客观化、抽象化、系统化，甚至标准化的精细处理，编制而成的知识体系，是一系列的符号系统。这些知识体系和符号系统，如果未经教师解码并将其和现实的生活建立起关联，对学生来说就只是一些"知识"，没有什么实际的用处。另外，学校教育总是把提前设定好的知识和技能的体系灌输给儿童，而不考虑是否与儿童的能力和需要相匹配。儿童在学校学习的课程内容与他们在现实生活中习得的经验之间的关系被弱化。

其次，今日的学校非常擅长将自己打造成独立的王国，儿童的学校生活与他的家庭、社会生活各成体系，不相连接；学校置身于现实社会之外，与外界的沟通和交流被人为割断，教育过程和实际生活的割裂愈发明显。杜威认为，这种情况对教育非常不利："如果人们所获得的知识和专业技能不能对形成社会倾向产生影响，如果充满活力的日常生活经验的意义得不到彰显，那么学校教育只能制造'学术骗子'（即自私自利的专家）了。"①

最后，今日的学校总是强调儿童的学习是为未来做准备，而不关注儿童生活在当下这个现实。强调今天的学习是为了未来，会带来很多问

---

① 约翰·杜威. 民主主义与教育［M］. 陶志琼，译. 北京：中国轻工业出版社，2014：9.

题。比如导致儿童在学习上缺乏紧迫性。很多人都有这样的经验：事情不到临头不着急，拖到最后没办法的时候再行动。未来是非常遥远的事情，为什么今天这么着急呢？比如会导致预期的未来和现在的可能性之间的割裂，于是学校不得不在教育之外再辅以奖罚措施。为将来做准备而忽视现在可能性的教育，基本上都不得不诉诸各种奖罚制度。教育当然是面向未来的事业，但不应该把不可预测的未来作为儿童现在努力的主要动力。如果能全力以赴地让儿童当下的生活经验尽量丰富，尽量有意义，随着时间推移，"现在"于不知不觉中进入"未来"，未来也就被照顾到了。

所以，教育必须与现实的社会生活真正联系起来，才能发挥应有的作用。教育应当是现在生活的过程而非对未来生活的准备。学校要把教育与儿童眼前的生活融为一体，教会儿童适应眼前的生活环境。

三、构筑理想的学校环境

杜威提出"教育即生活"这一命题，并非将教育与各式各样的生活相混同。杜威所讲的生活，实际上是指一种新生活。这种生活更能与当下的社会生活相一致，更能满足儿童的需要和兴趣，是为儿童所喜爱的生活。与普通的生活相比较，这种学校生活是一种经过选择的、净化的、理想的社会生活，以便让儿童在这种良好的环境中受到好的影响。

社会环境会通过个体的各种活动来塑造其知识能力倾向和情感倾向，这一点相信大家都有共识。一个生活在音乐世家的孩子，他的音乐潜力会比生长在另一个环境中的孩子得到更好的激发和挖掘。今天显而易见的一些事实过去却没有被很好地认识，有人认为这是过去的人比较愚笨的缘故，但事实可能并非如此，或许只是他们的生活方式导致他们不关心这方面的事情而已。环境包括促成或阻碍、刺激或抑制生物特有活动的各种条件。我们从来都不是直接地进行教育，而是间接地通过营造某种环境来进行教育。一个明智的家庭和一个不明智的家庭的区别，主要就在于家庭中盛行的生活和交往习惯是不是根据它们对儿童发展的关系进行选择的，或者至少带有这种色彩的。

既然环境如此重要，作为正式的教育机构，学校就有更多的事情可以做了。

首先，成人有意识地控制儿童所接受教育的唯一合理途径，就是控制他们在学校里的环境。要为儿童提供一个简化的环境，在复杂的知识体系中选择那些基本的并能使儿童有所回应的学习内容，并建立一个循序渐进、张弛有度的教学秩序，帮助孩子建立自己和社会的关系，使其逐渐理解社会生活这一纷繁复杂的系统。儿童理解了这些关系的意义，才会将自己的情感、态度和价值观融入其中。

其次，尽力排除现存环境之中的不利因素，以免影响儿童的心智习惯。每个社会都会受到一些没有多少价值的，甚至错误的或者邪恶的东西的拖累，它们会阻止社会的进步。但人生又是如此短暂，进行正规学习的时间更加有限，需要我们学会选择，增强文化判断力，减少那些对社会发展无用的东西对儿童学习的干扰。

再次，要善于平衡社会环境中的各种因素，不要让这些因素相互之间的对抗影响到孩子。在过去，群体的流动性不强，群体的多样性体现在不同地域之间。在同一个地区，人们具有大致相同的生活习俗和文化传统，教育环境只要考虑这个群体的文化即可。但现在随着全球一体化进程的加快，一所学校、一个班级里经常会有不同国家、不同民族、不同地区的儿童共同学习、生活。学校环境的建设就不能仅考虑所在地区的文化，要为青少年提供一个平衡的环境。

四、创设理论联系实际的机会

阿弗烈·诺夫·怀特海（Alfred North Whitehead）说："不加以利用的知识是有害的。所谓利用知识，是指知识要和生活实际相结合，和我们的感觉、情感、希望、欲望以及能调节思想的精神活动联系起来，毕竟这些构成了我们的生活。"① 只有理论联系实际，让学生明白知识在日常生活中的作用，学生才能体会到知识的价值，并会主动地投入学习。

对学校来说，除了在平常的教育教学活动中关注知识与生活的联系外，还需要特别关注对节假日作用的挖掘。

潘光旦曾经在 1930 年写过一篇文章，题目是《假期与知识生活的解放》，对"学校为什么要放假"这一问题做了一番分析，值得我们深思。在这篇文章的开头，潘光旦说："学问没有止境，也就不宜有长时期的间断。学校的暑假寒假，少则一月，多则三月，难道办教育和创制假期的人的本意，真要教人在这一个月或三个月之内完全停止学问工作吗？我恐未必。"

接下来，潘先生毫不客气地指出，学校的最大缺点就是过于重视教材。"一种课本，少则读半年，多则读一年"，使学生"无一刻不在字里行间寻生活"，从而失去了主动研究的机会。他认为这种"专读一书"所造成的单调和痛苦，比八股文所造成的还要严重。他说，心理学家认为"勾心斗角"的八股文还有一种"磨炼智力的功用"，而那种"专读一书"的教学模式却不会给学生带来任何乐趣。

正因为如此，潘先生认为假期是每一个学生恢复自由的上好机会。为了达到这个目的，他对大家提出两个要求：一是要树立"在假期里，我便是我，而不是教员的学生"的信念；二是要选择一两个比较高明的求知方法。这就是说，学生在假期一定要摆脱教师的影响，去过一种独立自主的学习生活。他举例说，在自然知识方面，可以做一次有目的的远足，进行地质观察或生物标本采集；在社会知识方面，可以找一个小题目，然后利用图书馆的资料进行研究。类似的选择可能有很多很多。

我们知道，近代教育制度是工业文明的产物，所以有人把学校比作

---

① 怀特海. 教育的目的［M］. 张亚琴，鲁非凡，译. 太原：山西教育出版社，2022：4.

工厂，把教室比作车间，把老师比作工人，把学生比作原料。这种"规模化生产"虽然有利于更多的人接受教育，却又出现了另外一些问题。其中之一是它不但不能照顾到每一个个体的身心发展、兴趣特长和特殊爱好，还可能把他们变成千篇一律的工具。为了避免这种状况，现代教育制度的创立者才在两个学期之间安排了一个比较长的假期，目的是给学生更多的自由，让他们的个性和才华有一片成长发育的天地。

胡适到达美国后的第一个暑假是从 1911 年 6 月 11 日开始的，直到 9 月 28 日才有"今日为上课之第一日"的记录。美国大学的暑假居然长达三个半月。在这漫长的假期中，胡适都干了些什么呢？从这三个多月的日记中，你会发现他的暑假生活真是丰富多彩，令人羡慕。其中有旅游、开会、交友、阅读、写作、打球、玩牌、逛公园、学拉丁文、演讲辩论、上暑期学校等。这与潘光旦的主张不谋而合。这样的假期，可以说实现了"知识生活的解放"，给了学生一点自由自在地学习研究的机会。

这让我想起自己在学生时代的假期生活。那个年代学业负担还不是很重，假期的部分时间需帮着家里干农活，有时自己也打工，挣点零花钱，更多的时间则用于同学、朋友之间的游戏、远足、漫谈等。现在回想，当年的假期生活培养了自己很多方面的能力，为日后单独闯天下奠定了很好的基础。一个人将所有的时间都放在书本知识的学习上不一定是好事情。没有生活经验的积累，五谷不分，走上社会往往会很吃力。

陶行知在其"生活教育"理论和实践中，也明确提出要解放儿童的创造力，做到头脑解放、双手解放、眼睛解放、嘴解放、空间解放和时间解放这"六大解放"。陶行知指出："现在一般学校把儿童的时间排得太紧。一个茶杯要有空位方可盛水。现在中学校有月考、学期考、毕业考、会考、升学考，一连考几个学校。有的只好在鬼门关去看榜。连小学的儿童都要受着双重夹攻。日间由先生督课，晚上由家长督课，为的都是准备赶考，拼命赶考，还有多少时间去接受大自然和大社会的宝贵知识呢？赶考和赶路一样，赶路的人把路旁风景赶掉了，把一路应该做的有意义的事赶掉了。"①

在注重理论联系实际、突出为生活而学方面，有不少典范性的学校，如苏联的帕夫雷什中学，因为苏霍姆林斯基在那里担任校长而闻名遐迩，还有尼尔创办的夏山学校，以及黑柳彻子笔下的"巴学园"等。

在卓兰山上，有这样一所专为 11 到 18 岁的青少年而办的学校。这所学校没有围墙，没有校门，建在海拔 550 米的山坡上。校舍沿着一条穿越树林、高低蜿蜒的小径分布，餐厅和教室规划于校园两端。500 米长的小径两旁，长着一片幽深的柳杉林以及疏朗的竹林，竹林中有小溪流过。四季的景致，还有竹鸡、松鼠、野兔等，使得每一个孩子都能拥抱自然，聆听自然传递过来的各种讯息。这所学校叫全人学校。

这是一所体制外的学校，不受规定课程的限制，有异于主流的教育理念和非常特殊的课程。学校重视五个理念：人类过去知识的通识理解、人格特质的自我实践、审美情趣的养成、创造能力的释放、批判能力的培养。每个孩子不同的观点在此都能被尊重、包容与启发，大人与小孩的关系是朋友，互相倾听，让孩子不仅在心智上成熟，也在人格上有正向的发展。大人会给予耐心的期待，让孩子逐渐走向成熟。

这所学校非常注重在生活中学习，这里举一个例子。

全人学校每年坚持将登山作为一门必修的课程。尽管学校就在山上，但 550 米的海拔显然不能让师生满足，因此每次登山学校都会选择海拔 3 000 米以上的山峰。为了登山，师生每年都要花费很多时间进行体能训练和危机事件的演练，更要开展各类辅导，让那些心中怀有恐惧的学生正视自己的内心，提升战胜自我的勇气。

这种登山活动，如果用一个词来概括的话，那就是"冒险"。在体制内的学校都在为"安全"问题而苦恼，连很多体育活动都不敢开展的情况下，全人学校的这种坚持，确实显得非常另类。

① 陶行知. 陶行知文集 [M]. 太原：山西教育出版社. 2021：31.

这种冒险，难道不担心有风险吗？

在现代社会，冒险成了浪漫的代名词。看探索频道，即使全世界最荒蛮的地方或深海，我们也可以在家边喝可乐，边用眼睛去那里冒险。看他人冒险，会油然而生对生命的敬意，但大部分人对于亲身冒险敬而远之，都担心风险问题。

但是，人生处处有危险。犯不着冒险，危险就已经存在。想一想我们身边发生的事情，就可以理解这一点。危险既然躲不开，那关键就在于我们是否具有处理危机的能力。让学生坚持参加登山活动，围绕着登山活动开展的一系列辅导和训练，都是实践性的危机处理能力的培养。

很多时候，危险的概念来自"甜蜜的负荷"，也就是家长和教师对孩子过度的担心。家长和教师必须清楚的一点是：哪怕有很多的担心，也一定不能选择逃避。孩子在成长的过程中总会遇到挫折，要相信他们一定能克服挫折，进而培养能力。如果家长和教师担心过度，给孩子很多限制，他们就有可能被挫折困住，被大人的经验所束缚或局限，成长就会大打折扣。

这种冒险，有什么价值呢？

人在登山时，如果只是拼命地爬，就容易错过很多美好的东西。只有在轻松自如的情况下，"美"才会被发现。登山的主要目的就是追求"美"，让孩子亲临大自然，培养大视野。当然，孩子在整个过程中不能置身事外，也要为自己所做的事情负责，才能获得更大的成长。

学校将冒险发展成"漂流美学"，要孩子关注徒步攀登的过程中，自我与外在的接触，以认真的心态聆听外在的变化，进而搜索自己内心中广阔的世界。所以，漂流的目的不是远方，反而是内在的安顿与深刻。

如果你看到有孩子背着大背包，或从台北走到台中，或走在台东的海岸线，或骑车环岛，那他们可能就是全人学校的学生，他们经常尝试这样的旅行。因为登山，他们变得更独立，更有毅力，更懂得欣赏旅途的美，更懂得独处，更了解旅行的安全。

冒险的收益来得很快，给了孩子成就感，让他们更有勇气面对自己，关注内心。即使遇到挫折，也终会显现它的正向力量，像每一棵风中的大树都有自己的伤疤。

当孩子有了勇气和自信的时候，他不就安全了吗？

04　成为合格的公民

有一年学校邀请杨福家先生做报告，他讲的一句话给我留下了非常深刻的印象：让学生充分理解，学校的主要职能是培养好公民。公民是一个法律概念，公民享有宪法和法律规定的权利，同时，必须承担宪法和法律规定的义务。比如劳动既是公民的权利，又是公民的义务；受教育也既是公民的权利，又是公民的义务。任何公民都不能只享受权利，而不承担义务；也不能只承担义务，而不享受权利。

一、公民的风度

我在姜钦峰先生所写的《真正的风度》一文中，读到了这样一个故事。

陈思进曾在纽约世贸大厦北塔工作。美国"9·11"事件那天，他就在世贸大厦北塔 80 层上班。早上 8 点多钟，他刚打开电脑准备工作，忽然感到一阵剧烈的摇晃，桌上的一杯咖啡溅了一地。陈思进和同事们还以为发生了地震。直到几分钟之后有人来通知全体撤离，他们才知道出大事了。

三四百人很快聚集到了电梯口，但因为楼体变形，电梯已经无法乘坐，八个出口的门也因为扭曲变形而无法打开。恐惧感瞬间笼罩在每个人的心头，死亡的气息扑面而来。在大家齐心协力的努力下，终于撞开了一个出口。

生命的通道被分成了两条：一条楼梯往内旋转，另一条楼梯往外旋转。内旋的楼梯台阶少，下起来比较快，外旋的楼梯台阶多，走起来费时且长。在这个关键的时刻，人们自觉地把内旋的楼梯让给了年长者和妇女，其他人员沿着外旋的楼梯向下逃生。

陈思进就在外旋楼梯这支队伍中。虽然楼道狭窄，人很多，但大家都有序撤离，没有出现推搡的状况。在跌跌撞撞往下赶的过程中，陈思进的眼镜突然掉落了，当时他顾不上，只想着逃命要紧，没想到才走了几步，就有人在后面拍他的肩膀，说："先生，这是你的眼镜。"陈思进万万没有想到，在这生死攸关的时刻，还有人惦记着自己！那一刻，他感受到了前所未有的温情。

用了一个半小时的时间，陈思进终于逃到了一楼，这时他才知道，世贸大厦南塔已经倒了。陈思进不敢喘息，拼尽全身力气狂奔……两分钟后，身后传来轰隆巨响，世贸大厦北塔也轰然倒塌。

那天，被飞机撞击部位下方楼层的工作人员，几乎没有一个人丧生，原因何在？因为每个人在逃生的过程中，心中始终有一个"公"字，始终想着其他人。在与时间赛跑的求生之路上，混乱只会让人们陷入更深的困境。唯有团结、正义，心中装着他人，才能拥有力量，稳步前行。

二、做合格的公民

一个合格的公民应具备如下几个方面的重要品质：会关爱、知尊重、负责任、讲公正、懂信任、有品格。要培育这些品质，需要从最基础的要素做起。

一是会关爱。在《中小学生守则》中，与"爱"有关的规范和要求非常多，比如热爱祖国、热爱人民、热爱科学、珍爱生命、自尊自爱、热爱集体、热爱大自然、爱护生活环境等。怎样才能做到这些？要从爱自己、爱父母、爱师生、爱家庭、爱学校、爱社区开始。有一位小学教师在博文中谈到，小学生伤害自己的现象非常普遍，在面对学习压力、人际关系矛盾等一系列问题时，孩子不知道该如何解决，往往采取伤害自己的方式。我看了这篇博文后心里很沉重，如果一个孩子连关爱自己都做不到，要让其发自内心地去爱他人、爱社会谈何容易？对他人的爱，首先体现在理解对方的精神世界上，其次体现在尊重对方的自尊心上，再次体现在一视同仁，不会因为是否是本班同学而有差异上。爱是相互的，要让关系中的人都能感受到一种温馨，自己也愿意为这种关系的和谐贡献一点力量。这就是爱的基础。

二是知尊重。尊重由近及远可以分为不同的层面，依次是尊重自己，尊重他人，尊重规则，尊重文化传统和信仰，尊重周围的万事万物。比如课间同学之间的相互打闹，原本都是游戏的性质，但稍不留意就会升级为肢体冲突，导致各方的关系紧张。其中有一个很重要的问题，就是孩子没有建立起对他人的尊重。在没有征得对方允许的情况下，去触摸甚至推别人的身体，都是不尊重他人的行为，是应该受到校规处理的。我们应该让孩子尽早理解这一点，同时也让孩子学会依据规则保护自己。同样，社会越来越开放，学校的生源也来自四面八方，对不同地区人的文化习俗、生活习惯的尊重和理解，自然成了今天行为规范教育的主要内容。

三是负责任。随着社会的进步，人们的权利意识也越来越强，维权的事情越来越多，在教育领域也是如此。师生之间因为一件事情产生了纠纷，干群之间因为一项工作产生了矛盾，都希望能有一个平台来维护自己的权利。我们推进现代学校制度建设，一项重要的内容就是要建立起师生的权利维护制度，依法保障师生的合法权利。当然，权利和责任、义务是对等的，要享受什么样的权利，首先要尽到自己的责任，将自己应该承担的义务做到位。只强调权利不去尽义务，自身的权利也不会得到保障。

四是讲公正。有人梳理了当今社会各种不公平、不公正的现象，然后将其进行排列，教育不公赫然排在首位。百姓对教育公平看得如此重要，是因为教育是让不同阶层的人改变命运的最有可能的途径。教育公平包括起点公平、过程公平、机会公平等。通过一系列招生考试制度的改革，国家正努力将起点公平做好，但比这更重要的是过程公平、机会公平。它们需要在教育实践的过程中逐渐加以落实。学生对学校教育不满，不公平也是一个很重要的原因。不公平常常体现在教育过程中，体现在一个个的教育细节上。

五是懂信任。信任就是相信并敢于托付的意思。我们国家有几千年的文明史，传统文化能世代相传绵延不息，信任文化在其中发挥了至关重要的作用。有一段时间，淄博烧烤非常火，吸引人们在节假日纷纷前往淄博，其中一个重要的原因就是信任文化。学校教育中，文化知识的传授固然重要，但比这更为重要的是优秀文化的浸润和传承，其中就包括信任文化。我曾遇到一段孩子与爸爸的对话：孩子说老师都是不值得相信的。爸爸问孩子为什么。孩子说班主任临时有事，学校安排了一位教师代课。大家很喜欢这位教师，给他讲了不少心里话；没想到班主任回来之后，这位代课教师将大家所说的话一五一十地告诉了班主任，班主任在班里对这些话又进行了一番回应，让全班都灰头土脸的。

六是有品格。品格是一个人的基本素质，它决定了这个人的人生模式。良好的习惯是好的品格的基本要素，应培养孩子待人接物的好习惯，勤于思考、主动探究的好习惯，积极锻炼、强身健体的好习惯，关爱他人、善待生活的好习惯……这是每个家庭和学校都应该着力去做的工作。纪律意识是好的品格的保障，纪律就是通过具体的活动，在教师或家长的引导下，让孩子逐渐掌握的正确的待人处世方式。这是让孩子逐渐懂得遵守社会的规则和自然的规律，逐渐明晰自己的人生原则和努力方向的过程。诚实守信是品格的核心，一个人只有诚实、不说谎、信守承诺，才能构建自己良好的信誉。勤奋努力是重要的品格，没有一件事情可以随随便便成功的，无论孩子是天赋异禀还是平凡普通，勤奋都会让他得到自己想要的结果，而懒散则会让他和成功失之交臂。

关于其中的知尊重、负责任两个要素，下面再展开做些讨论。

三、尊重的四个维度

关于尊重，对孩子来讲最通俗的定义就是：你需要别人怎样对待你，你就怎样对待别人。相比较而言，西方的教育非常注重"边界"，也就是人和人之间的界限。无论是家长和孩子之间，还是老师和孩子之间或同学之间，都一样需要尊重和被尊重。尊重他人和被人尊重既是品格的一部分，也是社会能力中非常重要的组成部分，是通往成功必备的能力之一。学校教育在这方面关注不够，比如，课余时间孩子的打打闹闹，在很多学生和教师看来都是同学关系和谐的表现，但未经允许接触他人的身体其实就是不尊重对方的行为。

教育从尊重开始。教学生学会尊重，既在学生心中播下了尊敬的种子，也播下了希望的种子。尊重，有四个不同的维度，分别是尊重自己、尊重他人、尊重规则、尊重外物。

人生活在这个世界上，如果说有一个最需要尊重的人，那应该是你自己；而要做到尊重自己，首先要学会认识自己。苏格拉底的"认识你自己"，相信很多人都会讲，但大多数的人往往都是借助镜子之类的外物来认识自己的形象，看来看去都是别人标准下的自己，而非真正的自己。让孩子学会认识自己是教育的重要目标之一。缺少了自知之明，即便在文化课程的学习中有不俗的表现，在与人交往、待人处世的过程中也难免会遇到各种挫折。

对于孩子来说，认识自己是一件非常困难的事情，但如果不在基础教育阶段养成认识自己的习惯，怎能指望孩子长大之后能正确认识自己？教师可以从培养学生的自尊入手，让学生逐步形成自我意识，慢慢地走向认识自我。其中有三项是必须让学生学会的：一是珍爱生命，学会保护自己，不自伤；二是自我接纳，自信积极，有责任感；三是自我反思，自我改进和自我完善。

《世界人权宣言》的第一条是："人人生而自由，在尊严和权利上一律平等。他们被赋予理性和良心，并应以兄弟关系的精神相对待。"要实现"以兄弟关系的精神相对待"，学会尊重他人就显得特别重要。尊重他人，首先是尊重他人的身心不受侵犯；其次是尊重他人的财产不受侵犯；最后是尊重他人的宗教信仰、文化习俗不受侵犯。平时，这三个方面的意识孩子都很缺乏，自然应该成为班级教育和学校教育的核心内容。

想通过说教的方式让学生学会尊重他人是很困难的，最有效的办法就是实践。深圳的王怀玉老师将"学会平等待人、诚实守信、善于助人、不窥探或干涉他人隐私、宽容大度等"作为尊重他人的重点，设计了一系列的交往活动，涉及家庭、社区、学校、剧院、电梯等多种公共领域，围绕人际交往中的"合群、合作、分享"等品德素养关键词，积极推进学生的公民教育实践，做出了很值得借鉴的努力。

规则是大家共同遵守的制度或章程。你愿意在一个群体里生活，就意味着你愿意遵守这个群体的行事规则，这是让这个群体有序开展活动的基础和保证。有人常羡慕欧美一些国家的教师和学生。他们的热情奔放和自由潇洒让人觉得似乎除了法律，他们不受任何约束。其实不然，这些国家的中小学生无论是席地而坐、参加大型活动，还是课间换教室、上校车等，极少有交头接耳、嬉戏打闹、搞小动作的现象，多的是专注、热情、耐心、自觉和自然。他们非常重视规则意识的培养，注重个体在学校生活中的权利与义务的教育，孩子从幼儿园开始就要学会室内要轻声讲话、倾听、排队、与人合作。

要教会学生尊重规则，第一要将规则制定得非常具体，操作性强，一般情况下5~6条就够了，太多了大家都记不住，自然也就无法遵守；第二在执行的过程中要前后一致，尺度不变，凸显规则的权威性；第三要将规则逐渐内化为学生的生活习惯，让其从心而为；第四是注意规则的层次，区分哪些是底线层面的规则、哪些是灵活的规则。

学校的公共财产，自然界的万事万物，也应该受到同样的尊重。按照课程表去上课，就是一种尊重；爱护教室里的各种公共财物，也是一种尊重；善于仔细观察周边的事物，欣赏鲜花的纹理和云朵的形态，善待每一种动植物，节约我们日益紧缺的资源，更是一种尊重。尊重外物，和周边的环境和谐相处，是每个公民的基本责任和义务。

四、培育公民意识

2023年的世界环境日（6月5日），生态环境部、中央文明办、教育部、共青团中央、全国妇联等五部门联合发布新修订的《公民生态环境行为规范十条》，引起了各方的关注和热议。《公民生态环境行为规范十条》通过倡导关爱生态环境、节约能源资源、践行绿色消费、选择低碳出行、分类投放垃圾、减少污染产生、呵护自然生态、参加环保实践、参与环境监督、共建美丽中国等，引领公民履行生态环境保护的义务，做生态文明理念的积极传播者和模范践行者。

这让我想起了多年前《中国青年报》刊登的徐百柯的一篇评论，题目是《青岛种树争议是种植公民意识的契机》。文章是从一个网名叫"潘uu"的年轻人发布的一条长微博开始的：

"决定不骂人了……清明节期间，汇泉广场草坪被掀的图片在微博上被热传，而沿海一线也都在扒路种树，开始我跟着大家骂了几句，可看着越栽越密的树，决定收声做事。"青岛市政府当年启动大规模植树增绿行动，但此举遭到部分市民的质疑。网友"潘uu"如此描述当时的情况："曾经我以为网络暴力离我很远，但空前一致的怒骂让我意识到，我几乎都是其中的一分子。我在愤怒，我身边的同学、朋友，也都在愤怒。"

汹涌的网络民意促使她反省："我决定做点什么，可当我跟朋友一碰头，大家一起商讨我们能做什么的时候，却支吾不出个所以然。为什么？因为我们都不清楚，作为一个公民，我们能干点什么！我们习惯了出事时先选立场、站队、纠错、斗争，却不习惯甚至都不知道，如何采取合理合法途径，去发出声音，去行使权利，去维护！我想我们更该做的是，去研究下，怎么去行动，而不光是喊口号、搞人身攻击……"

他们开始行动起来。首先，他们查阅相关法律法规，清楚了自己的公民权利，明白了他们有权利去管种树这事。然后，他们选择了谨慎的立场，避免道听途说以讹传讹——"不管网上的图片是什么样子，眼见为实，我和几个朋友去沿海一线实地察看"。接下来，他们拨打了青岛市政务热线，自己寻找答案。

这名青岛市民的言行，对她的家乡和更广的社会而言，都很有意义：不偏激，不犬儒，意识到应该"在法律允许的范围内，去行使公民基本权利"。

青岛植树项目的争议，以及人们的不同反应，值得我们深思。

首先，责任和权利是结伴而行的。

作为社会中的一员，有两件事情同样重要：一是我们应向他人及社会尽什么样的义务，这是我们的责任；二是我们能从对方那里得到什么，这是我们的权利。

"国家兴亡，匹夫有责"，这句话大家常挂在嘴上。它告诉我们，每个人都是国家的一员，都要为这个社会尽自己的一份责任，只有这样，我们才能享受社会提供的各种福利和权利。

但在现实生活中，经常出现的现象是：人们总是把一个城市、一个地区的建设看成别人的责任和义务，一旦不如自己的心意，就会批评和谩骂，却很少考虑自己作为社会的一员应该去做一些什么。如果我们将上面那句话改成"国家兴亡，我的责任"，每个人都能意识到自身所承担的责任，也许"汹涌的网络民意"就会少很多。

教育领域也是如此。近些年来，很多人对教育最大的"关心"就是口诛笔伐，将教育批驳得一无是处。很少有人认真思考这样的问题：教育的第一责任人是谁？如果大家都不尽自己的责任，教育就不可能有发展，批评者自己包括其后代也不可能享受到优质的教育。

其次，行动远比没完没了的争吵和谩骂重要。

政府的决策不一定都是正确的，在激动情绪下的"民意"也很难说是理性的。遇上一件看不惯的事情，没完没了的争吵与谩骂远没有行动起来、找寻产生问题的缘由、帮助当事人改善以及提供必要的支援来得重要。真正有益的做法，是在对一项政策或措施有疑问的时候，能通过查找证据、分析判断来阐述自己的观点，用实证研究或调查研究的结论来影响决策者。

仍以教育领域为例，美国教育面临的问题一点儿也不比中国少，美国民众对教育的讨论和担忧也不亚于中国民众。当2009年上海在PISA（国际学生评估项目）测试中取得全球第一名时，奥巴马大发议论，表达了对本国教育的关切之情。但美国社会对教育的关心表现得更为直接，面对教育中存在的问题，人们会建立起各种各样的组织，投入大批的资金和人力，协助学校做好教育方面的工作。

再次，现实世界是培育公民意识的大课堂。

公民意识包括参与意识、监督意识、责任意识与法律意识等方面，这在小学生、中学生的课程中都有不同程度的体现。我们要思考的问题是：课程中讲述的内容，是否真正培育出了学生的公民意识？

实践出真知。书本上学得的知识，如果不经过实践的检验，只能是死记硬背应付考试的东西，时间一长就忘记了。要培养学生的公民意识，比较好的方法就是抓住当前的一些社会热点问题，选择契合学生身心发展特征的内容切入，让学生在真实的环境中尽自己的责任，在尽责的过程中思考如何做公民。

现实世界是培育公民意识的大课堂，教师要有意识地开发和利用社会资源，让其成为课程学习的素材，让学生在游泳中学会游泳，在应用中体会知识的价值。

05 走自我发展之路

教育的目的是什么？怀特海认为，学生是有血有肉的人，教育的目的是激发和引导他们的自我发展。若我们将目标定位为"人的自我发展"，在学习伊始，就应该让孩子感受发现世界的喜悦。教育应该让孩子明白，他们所学到的东西能帮助他们理解在自己的生命中所发生的一系列事情。

一、让知识生动活泼起来

2023 年 5 月 10 日，我国重大科技基础设施高海拔宇宙线观测站（LHAASO，又称"拉索"）顺利通过国家验收。这座位于四川省稻城县平均海拔 4 410 米的海子山上，占地面积约 1.36 平方千米的观察站，拥有目前世界上最灵敏的超高能伽马射线探测装置、世界上灵敏度最高的甚高能伽马射线源巡天普查望远镜，以及能量覆盖范围最宽的超高能宇宙线复合式立体测量系统，可以全方位、多变量地测量来自高能天体的伽马射线和宇宙线。

宇宙线像"信使"，携带着关于宇宙起源、天体演化、太阳活动等的重要科学信息，从外太空来到地球。"拉索"的任务就是接住它们，把收集到的信息传递给科学家。在高原缺氧的环境里建造这样一个庞大的设备，想要满足的就是人类的好奇心，期望以此解开宇宙以及太阳系演化的奥秘，帮助我们理解宇宙的起源。

因为好奇而探索，因为发现而欣喜若狂，不应只是科学家的传奇经历，也应是每一个学习者都反复经历的学习历程。孩子从出生起，就开始了探索之旅。善于爬行的孩子，看到好奇的事物，会心无旁骛地爬过去；对于拿到手里的物品，会反复地琢磨和探究，了解它的质感、硬度、温度、重量等信息，并不断感受发现世界的喜悦。孩子在实践中会发现，自己在探索中逐渐学到的东西，能帮助他理解在自己的生命中所发生的一系列事情，因此更加执着地进行探索。

阿基米德（Archimedes）洗澡的时候发现了用水测量固体体积的方法，兴奋地光着身子从浴缸里跳出来，高喊着"我发现了!"的故事，经常被老师们津津有味地讲给学生们听。但现在的老师教学生浮力定律时绝对没有那种兴奋感，学生对这条定律的理解也不如阿基米德这样深。35~40分钟一节课的课程设计，让学生不可能对一个问题持续开展探究，并获得深刻的认知体验；整齐划一的学校管理和课程编排，人为地阻隔了学生与社会、自然的联系。学生每天最重要的任务，就是坐在教室里被动地读书，接受教师灌输的知识。至于这些知识在今天到底有什么作用，学生是不知道的，也无须知道。

怀特海说，学生在课程学习中学到的理论知识必须有重要的应用价值，但现实中很难做到这点，因为它涉及的问题是教育的核心问题，就是让知识充满活力，防止知识僵化。僵化的知识、呆滞的思想，不仅仅存在于今天的学校里，在人类历史的长河中，也存在了相当长的时间。整个中世纪的欧洲，还有明清时期闭关自守的中国，都深受其害。每一次人类社会中举足轻重的知识革命，都是一次对陈腐过时思想的反抗。可惜的是，之后不久，僵化的知识、过时的思想又会重新占据主导地位，直到下一次变革的到来。

不能让知识僵化，而要让它生动活泼起来——这是所有教育的核心问题。这不仅关系到学生的成长，更关系到社会的发展。而要做到这一点，教师自己首先要有活跃的思想，不能在教学过程中成为知识的灌输者，要努力让学生感受到知识的魅力，体会到发现的喜悦，获得激情四溢的巅峰体验。

二、让学习自主发生

如何在课堂教学中让学习自主发生？

记得台湾教育改革的先行者黄武雄先生讲过一个故事，题目是《父亲的脚后跟》。大意是小时候父亲带他入城，道路很长，走起来总要两三个小时。每次父亲走在前边，他跟在后头，父亲的步伐大而且快，黄武雄必须两脚不停地走，眼睛一直盯住他的那双破旧的布鞋，一路不停地赶。

有一次，天色向晚，他们路过一座铁桥，一根根枕木的间隔比黄武雄的步子还宽。平常父亲总会歇下来等着他过去，或索性抱着他过去，但那天父亲的心里不知牵挂些什么，等到黄武雄爬过桥，抬头一看，父亲已经"失踪"了。

突然间，黄武雄涌起一阵恐惧：这条路来回已跟着父亲走过二三十趟了，怎么一下子变得如此陌生？

黄武雄哭着等在桥一端的田埂上，在黑夜里几个小时又饿又怕。他甚至分不清家的方向。虽然苦苦回忆，但脑中呈现的总是父亲那双不停晃动的布鞋。午夜时分，总算由远而近，传来了母亲责备父亲的声音。后来，黄武雄才知道父亲回到家竟还不知自己早在半途就已走失。

这个故事描述的情景，多像现在的课堂啊！你肯定见到过这样的课堂场景——老师在台上板书解题步骤，每一步都非常严密，书写工整，每写一行问学生一句："对不对？"学生也非常配合："对。"这样的课堂，该说是规范高效了。但事实上，学生看到的不是"路该怎么走"，他们只看到了"不停晃动的布鞋"，"左—右—左—右……"简单的换脚规则是知道的，可一旦没有"布鞋"在前面带路，孩子便觉得一片茫然。

教师平日里的教学不正是如此吗？上课之前，学生不知道教师今天会讲到哪里，上课的过程中，学生不知道教师会依循怎样的逻辑讲解这些知识，迷迷糊糊跟着教师上了一堂又一堂课，却始终不会自主学习，一旦哪天教师不在了，就不知道自己该做什么了。

能不能换一种方式，让学生知道自己该做些什么呢？

对于课堂教学设计，黄武雄先生强调三件事——指明路径、分析方法、隐藏推理。

第一，指明路径。如果计划一次外出旅行，人们最关心的是这段旅程的起点、终点，以及旅程中所做的事情。当这些事情都清楚之后，人们会据此做出发前的准备，以便自己能积极主动地应对，保障旅途的顺利和安全。对每一位学生来说，学习活动何尝不是一次探索之旅呢？如果承认学习是一段旅程，那就应该提前告诉学生这段旅程的起点、终点以及旅途中的重要事件，让他们提前有所准备。

学生和教师的学习步伐有很大的不同，学生之间学习的步伐也有明显的差异。教师一个人教一个班级几十位学生，很难兼顾每一个人，于是像黄武雄的父亲那样将自己的孩子带丢的事情，在我们的教室里是经常发生的。如果不知道学习的具体安排，学生一旦掉队之后，就很难再找到终点，只能自己随处乱跑了。如果能给学生"指明路径"，即使他们偶尔掉了队，也可以循着路径慢慢找回来的。

第二，分析方法。欲登顶一座名山，有几种方法可以选择：一是从山脚下的任意一个位置开始，向山顶的方向攀爬；二是沿着景区开辟的道路，一步步地攀登上去；三是花钱乘坐缆车，避开最费力气的路段，凭借外力将自己送达山顶；四是花钱乘坐直升机，直接将自己送到山顶……每一种方法都有优点和缺陷。"驴友"可能最喜欢选择第一种方法，但这样也要承担很多的风险；体力好、时间宽裕，又喜欢游览的游客，可能喜欢第二种方法，既锻炼了身体，又不会错过旅途中的美景；匆匆而过的、体力不佳的或者不愿意花费力气的游客，喜欢选择第三种方法，既快捷也不会遗漏最主要的景观；有一定身份和地位的客人，他们的时间就是金钱，可能选择直接从驻地坐直升机到山顶。

我们常说：条条大路通罗马。对学习来说，从起点到终点的这段旅程，也有很多种道路可以选择，不同的人会做出不同的选择。教师要做的事情，就是让学生知道有很多种路径可走，每个人可以根据自身的特点选择一种最适合自己的路径，从起点走向终点。总是跟在老师后面走的学生，无论走了多少趟，也不大会去关注这具体的线路，当某一天需要自己单独前行的时候，他一定会傻眼。

第三，隐藏推理。无论是大人还是孩子，大都喜欢玩游戏，很容易沉溺其中。为什么游戏有如此强的吸引力呢？原因大体上有以下几个方面：一是玩家可以把控进程，这和课堂学习由教师来掌控学习进程完全不同。二是游戏可以提供及时的反馈，玩家可以依据这些反馈，推测自己成功或者失败的缘由，然后调整策略再次实践。三是游戏总是让参与者充满成功的希望，让参与者不会因为经历了几次失败而被人耻笑。而在教室里，一个学习成绩不好的人，常常是被人贴上负面标签的。

学习能不能像游戏一样进行？及时反馈、不断调整策略的过程本身就隐藏着推理。孩子在没有上学之前，已经学会了很多很多的知识，这些知识其实就是通过"游戏"这种方式得到的。比如孩子发现了一件自己感兴趣的物品，他总是用心地看着，小心翼翼地将它摸来摸去。他闻它，咬它，拿它去敲击别的东西，能吃就将它吃下去，不能吃就将它丢得远远的，然后再找回来换个方式玩它……这个过程就是孩子对这个物品进行推断并建构概念的过程，学习就是这样进行的。如果这些事情老师都替学生做了，学生只能跟着老师走，看上去学生学得很辛苦，但真正的学习很难发生。

三、给学生更多机会

阅读赵勇所写的《迎头赶上，还是领跑全球：全球化时代的美国教育》一书，我被书中介绍的美国学校开展的学生才艺表演所吸引。作者的孩子所在的学校经常组织学生进行才艺表演，并邀请家长观看。这样的表演每个学生都要参加，形式五花八门，没有既定的标准，也没有刻意的评价，每个孩子都努力地将自己最好的一面展现出来给大家欣赏，每个人的个人价值都得到充分的尊重和开发。这种对个人基本权利的肯定，对个体差异的尊重和欣赏，给我留下了非常深刻的印象。

学生的才艺表演，看上去是微不足道的一件事情，但如果对此深入思考，就会发现其中的奥妙：第一，才艺表演体现了对成长的宽容性以及全面发展的理念，多种多样的才艺都能被认可，为社会准备了一个丰富多样的人才库。它同时还教育了身边的同学，大家都是未来的公民，要学会尊重他人，要认识到每个人都有自己的才能，并且这些才能都是我们社会所需要的。第二，这样的才艺表演鼓励自主性和责任感。他们必须自己主动参加，然后对整个过程负责，同时面对自己做出的决定和行动所带来的结果。第三，它向社会表明，学校重视各种不同的才能，而且学生都各有所长。这样的信息对家长来说十分重要。第四，这样的活动使孩子因自己的强项感到自豪，而不是仅仅关注自己的弱项。每个人都有优势，他们只是在不同领域，用不同的方式展现自己的才能。能认识到自己的强项，并因此得到他人的支持，对一个人将来的成功是十分关键的。

丰富多彩的学生活动，对于培养一个人或是发展一个民族的意义都十分重要。从个人角度说，学生活动在诸多方面肯定了学生的存在价值，增强了他们的自信心和成功感，鼓励他们追求自己的兴趣，也帮助他们确认和调整自己的兴趣。从整个民族的角度看，赋予成功、才能和价值更加广泛的定义，而不只是关注孩子在区区几门功课上的表现，实际上能帮助社会保存并培养多样化的人才。

基因的多样性可以提高一个族群适应环境变化的能力。一个具有多样化人才的民族和国家才能在全球化、信息化的今天，更好地适应经济社会的变化，并做出很好的应对。

在当今社会，有三个关键的因素能促进经济发展和创新，分别是包容、技术和才能。对历史上的许多大国的兴衰进行分析，就可以发现一个简单却令人惊奇的规律：这些曾经的霸主都极为包容和多元化。它们对每个国民的技术和能力都加以利用，无论他们的背景有多么大的差异；同时，它们能吸引并利用那些才能出众，却在别的地方受到排挤的人们。这些大国最终失去自己的霸主地位，或多或少都要归因于它们丧失了自己的包容性。

多元化的才能为什么能使一个国家繁荣呢？第一，不同才能之间可以互补。第二，才能的多元性孕育创新。第三，才能的多元性使社会能应对可能的变化。

学校应该是让孩子尝试不同的选择，以决定今后人生方向的地方。学校也要为孩子的这种尝试搭建更大的平台，鼓励学生自主发展。

四、家长要营造利于自主发展的环境

家长在一起交流时，如果听到某家的孩子学习非常自觉，不用父母操心，成绩也很好，常会流露出羡慕之情，心里想着要是自己的孩子也能如此该有多好！其实，孩子的自主学习能力就是家长培养出来的，当父母感到自己的孩子自主学习的能力不强的时候，要从自己身上找原因。

阅读习惯的养成与否，与人是否具有自主学习能力有很大的关系。我们的很多家长都不太重视对孩子阅读习惯的培养。很多家长做不到每天定时陪孩子读书，或和孩子共读一本书并相互交流读书的感受与体会。有些家长在给孩子买书的时候，不太关注孩子的身心特征，经常买一些超出他们理解能力的书籍，让孩子难以流畅地理解故事的内容。有些家长对孩子读书的短期期望过高，在孩子读完一本书之后一定要让他说出一个来龙去脉来，让孩子对书籍产生了恐惧。还有些家长认为读一些课外书没必要，只要学习一些遣词造句的技巧就可以了，因此热衷于让孩子参加各种写作技巧班，他们不知道这样一个道理：若无文化内涵及文字的熏陶，单凭写作技巧是写不出真正的好文章来的。要孩子读书，大人先要读书；要孩子爱读书，大人先要示范读书津津有味的样子。家长和教师自己不读书，培养不出会读书的孩子来。

让孩子自主自立，是家长给孩子的最大财富。日本人幼儿教育的三大目标非常值得我们学习。目标之一：能不麻烦别人的事情一定要自己去做。早晚接送孩子的时候，他们的家长，无论是爸爸妈妈，还是爷爷奶奶，手里经常是空着的，而每个孩子的书包或其他包都由他们自己背着或拿着，而且他们还都跑得飞快。目标之二：学会把用完的东西放回原处。从小养成做事情有序的习惯，知道每一样东西应该放在何处，知道做事情要有始有终。目标之三：要提前 10 分钟赴约。这一目标的背后，透露出来的是契约精神和规则意识。认真履行成文的、不成文的各种契约，信守承诺，勇担责任，是对别人、对社会永恒的负责。规则意识，是指发自内心的、以规则为自己行动准绳的意识。

对孩子的无限溺爱和过度保护，会剥夺孩子学习"如何生存"及"活得更好"的机会。其结果，就是让孩子变成飞不起来、等别人喂食的鸭子。

五、自主学习与引导学习

学习有两种类型。一种是自主学习，学习者有发自内心的学习欲望，想从学习中感受那种发现的快乐与独立的喜悦，希望按照自己的规划有计划地开展学习。另一种是引导学习，大人根据自己的价值判断对孩子的学习活动进行设计，学习的内容、学习的时空、学习的成效等都由大人来监控，孩子在监控下开展学习。

"学习"的内涵并不等于读好学校老师发给你的书本而已，人生真正需要学习的，是对自己负责。什么叫长大？长大就是对自己负责。通过自主学习的方式，人可以逐渐长大；通过引导学习的方式，人也可以长大，但两者成长的速度是明显不同的。大人愈权威，孩子的自信愈低；大人愈摇摆，孩子的稳定性愈差，自我成长的速度也愈慢。

自主学习是一种生活态度——承认自己的局限，不试图主宰他人；反思既有的规则，不逃避内心的恐惧。一个看重自己的人，才可以看重别人，也才可以和别人分享自己的看法和感觉，建立自己和他人、世界的亲密关系。

引导学习的父母或者教师，会预想孩子所有人生中可能出现的危机和挑战，帮助孩子提前准备。当孩子不能达到父母或者教师的期待时，他们就要设计各种措施进行管制。例如，功课做不完，不能睡觉；不吃饭，不能去玩等。而功课之所以比睡觉重要，吃饭之所以比玩耍重要，是成人依据自己或者社会的价值标准来判断的。

而鼓励孩子自主学习的老师和父母，不太预想还没发生的危机或困难。他们只注意孩子目前正在面对的大小困难，激励孩子用自己的方法去处理，并用事情的自然结果来教育孩子。例如，功课没做完，他就得自己去面对他的老师；不吃饭，他就得到下餐饭时才有东西吃。父母并不替孩子判断功课是不是比睡觉重要、吃饭是不是比玩耍重要，他们给孩子提供可以安静做功课的时间和场所，可以安全睡觉、吃饭和玩耍的地方，其他都是孩子的事。

现在家长的最大的问题就是内心的混乱和矛盾。他们一方面向往自主自由的氛围，另一方面却希望保持自己在家中的权威；一方面倡导职业无贵贱的多元价值，另一方面却希望自己的孩子最好能拿个博士学位，找个好工作，光耀门庭；一方面坦言孩子活出自己的个性是最重要的，另一方面却仍然逼着孩子照父母师长的安排行事。父母脑子里想的、口中说的、手上做的，常常互相矛盾，而他们却不自知，这真是非常糟糕的事。

只要双足不被捆起，孩子总会找到自己的路；要是硬在鱼身上接上双足，反而剥夺了它自在游水的可能。

06　感受生命的气息

印度诗人泰戈尔（Tagore）说："教育的目的就是应当向人类传递生命的气息。"① 教育应当从尊重生命开始，使人性向善，使人胸襟开阔，使人唤起自己身上美好的"善根"，使人拥有美好的心境，要培养学生"面对一丛野菊花而怦然心动的情怀"。

一、与孩子的心灵对等交流

在台湾新北市，有一个综合性的休闲娱乐区，被称为有木里休闲农场，有彩蝶谷、乐乐谷、蜜蜂世界、满月圆瀑布群等景点，节假日的时候人气很旺。就在这深山之中，有一所小学，作家、教师凌拂曾在这里任教多年。

比起城市学校的拥挤，山区学校显得格外宽敞。教室里学生最多的时候也就20多人，最少的时候只有3人，这给教师提供了和孩子充分接触、沟通的机会。老师们可以静下心来记录、研究学生的行为表现，分析其背后隐含的思想，找到与孩子心灵对等交流的契机……

凌拂教一年级的学生学习标点符号。其中有一个孩子叫阿戊，在写作的时候一个标点符号也不用。为了让阿戊明白标点符号的妙处，凌拂

---

① 张延银. 学校如何为孩子的生命自觉创造更多可能［J］. 新课程评论. 2022（03）：64.

老师一有机会就会给阿戊讲解一番，前后用了六种方法、六种不同的比喻。连凌拂自己都很得意，自己怎么会想到这么多的途径。但不论如何讲解，阿戊总是淡淡地扫她一眼，然后继续奋笔疾书，仍旧没有标点符号。

就这样从一年级到了二年级，阿戊始终不怎么用标点符号。凌拂很纳闷，也有些无奈，心里总在反思，为什么教不会阿戊。三年级换了一位老师教阿戊，情况依然如此。新来的老师问凌拂怎么回事，凌拂也说不出个所以然来，只好说："不是他打结了，就是我打结了，但是不知道问题出在哪里。"

五年级的时候，阿戊又换了一个语文老师。有一天凌拂和阿戊在校园里相遇，两人在一起闲聊，中间阿戊的一段话让凌拂恍然大悟："像从前写作文我从来不用标点，干吗那么麻烦，浪费时间。现在升上五年级，每天都要写日记，我都用标点给它算好格子，每换一行，就画一个圈分段，这样就可以少写很多，但是看起来很多。"

原来，当阿戊觉得标点符号耽误他完成课业时，便觉得标点符号是无用之物；当他发现标点好用，可以减轻课业的负担时，这标点符号就成了有用之物。

教师教了某一知识或者某些技巧，总是希望孩子通过作业反复练习，以便熟能生巧。但孩子不去使用，并不一定表示孩子不会用。孩子有自己的价值判断，教师不能全凭经验去揣测，否则孩子会觉得老师很无聊，并由此关闭与老师沟通交流的渠道。

孩子做每一件事情，都有自己的想法和价值判断，如果大人觉得某件事情不太符合常理，希望孩子加以改正或者不允许孩子去做的时候，先要搞明白其行为背后的真实想法，或许在了解了之后，你反而会认同孩子的想法呢。

凌拂曾经以校园生态为主题，把观察笔记和写作文相结合，引导学生观察校园里的植物。正是通过这样的观察和学习，孩子们认识了不少植物，包括台湾的栾树。班上有一个小女孩，有一天跑过来对凌拂说：

"老师，我现在才发现，原来我们家巷子、整条路种的都是台湾栾树。"

春天过去了。一天清早，小女孩神神秘秘地带着发现的喜悦跑过来对凌拂说："老师，台湾栾树会开花耶！"凌拂故作惊讶附和她说："什么颜色？"她一脸肯定地说："黄色。"凌拂再问："你确定台湾栾树的花只有一种颜色吗？"小女孩静静地瞄了凌拂一眼，扭头就走，丢下一句话："明天再告诉你。"

第二天，她又来了，对凌拂说："栾树的花瓣是黄的，花心是深红色的，像丝绒一样。"凌拂挑着眉毛说："你确定台湾栾树的花只有两种颜色吗？"小女孩静静地瞄了凌拂一眼，扭头就走，又丢下一句话："明天再告诉你。"

就这样她们俩一来一往，小女孩从花瓣、花心到花托，逐一把台湾栾树的小花观察透了。

小女孩上学到五年级的时候，依然对台湾栾树保持着很强的兴趣，有一天她负责打扫卫生，在台湾栾树下捡到一颗果实，是栾树褐红的果实，孩子满心欢喜，将其捡拾起来，并送到了凌拂老师的办公桌上。

我们的教育可能太过于追求立竿见影的效果，教师教了之后希望立刻就能看到结果，等不了很长的时间。在教学设计的时候，也注重情境的创设，但常以为学生对周边的事物是很熟悉的，教师只要在课堂上提一下，学生立刻就会明白，所以给学生预留的观察现象、理论联系实际的时间太少。学生往往浅尝辄止，不能领会其中的奥妙。

二、正确对待孩子的错误

孩子在学习中，如果有某个问题不理解，即使听教师或者家长反复讲了多次，仍不能接受，这个时候家长或者教师该怎么办？

杨茂秀老师讲了这样一个故事：有一天他到朋友家中去，正好看见朋友在教自己的孩子做数学练习："9加9等于几？"孩子回答是17，家长让孩子做了很多次，孩子依然坚持17这个答案。搞得家长很不开心，说出了"算不对就不给吃饭"之类的赌气话。在杨老师打圆场，并让孩子将饭吃了之后，杨老师问孩子是怎样想到 17 这个答案的，孩子回答说："我想 8+8=16，那么 9+9 应该等于 17 啊。因为 9 比 8 大 1，17 也比16 大 1 啊。"

尽管孩子的答案是错误的，但在得到这个答案的过程中，孩子所呈现出来的思考历程比答案本身更有意义。它反映出了孩子在这个阶段的思维水平和特点。作为家长或教师，不能仅仅满足于做"裁判"，通过简单的对和错来评判孩子的努力。大人有责任去努力了解孩子的思维过程，去跟孩子一起反思。

许多错误出现的时候，家长和教师要看情况决定要不要介入指正。有的错误需要当场指正，但是有时候时间和环境本身会给犯错的人自主改正的余地，这时要设法让孩子自己去体会，自己去发现，这种过程常常藏着学会学习的智慧。而当场的指正、立即的介入与制约，有时候会给小孩深刻的挫折之感，使其失去自己获得知识的快乐。

美国科学史方面的重要人物威廉·詹姆斯（William James）认为，人在接受新的概念、新的想法的时候，常常会经历四个阶段：第一阶段，一听到跟自己的想法不同或从来没听过的东西，会说"听不懂、不了解"。第二阶段，经过一段时间，可能会改口说"有意义，听得懂，但这是错误的"。第三阶段，可能会说"不错，有意义，但不重要"。第四阶段，可能会说"对，有意义，而且很重要，但是我老早就知道了"。

仔细想想，这样四阶段的划分还是很有道理的。同时也说明了一件事情：人们接受新事物、新概念是需要过程，需要时间的。一个非常简单的概念在建立的时候，常常要历经无数次的推演，要很多人参与其中并相互启发和借鉴，才能使这一概念逐渐得以明晰。将这一看起来非常简单的概念直接告诉给学生，学生是不会立刻理解的，他也需要经历上述的四个阶段，甚至需要经过一段时间的错误理解，才能最终建立科学的概念。

好教师是有耐心的教师。他能看出某些自己认为简单的东西，在别人理解的过程中会经历相当多的困难。他能看出让学生立刻正确理解一个概念是不现实的，学生会产生类似当年概念建立时产生的各种错误。

错误是进步的契机，学习的过程就是修正的过程；人的行为是没有完美的上限的，只有比较好，没有最好。教师的耐心，有可能使错误变成美丽。

三、生命自觉

叶澜老师这些年坚持不懈地倡导"新基础教育"，并为此提出了"生命自觉"的价值观。有生命自觉的人，至少具有三大特征：

一是拥有对自我生命的自觉。有这种自觉的人，对自己的人生有非常清晰的规划，知道自己的特长是什么，最适合做些什么；知道该如何去做，才能将自己的特长发挥到最佳；知道自己能力的局限性，明白有些事情是需要放弃的。如果他选择了某种事业，就会将其作为一生努力的方向，自觉去化解在求索路途之中的困惑和困境，坚持不懈地实践下去。

教育是一个特殊的职业，教师正是通过自己的言传身教来指引学生前行的道路的。这就需要教师有对自己生命的自觉，用自己的信念来感染学生，为他们指明人生的方向。当然，教师的价值还不仅限于此，在职业体验和职业生涯指导的过程中，也应让学生逐渐拥有对自己生命的自觉，学会正确地选择和规划，为学生一生的成长奠基。

二是拥有对他人生命的自觉。一个人在这个社会生活，一定少不了和他人的互动与共存，这本身就需要拥有对他人生命的自觉。教师这个职业，原本就是教孩子如何从一个自然人转化成社会人的，在教育的整个过程中，教师都应具有对学生生命的敏感、尊敬和敬畏，敢于主动承担对学生生命的责任。

对教师来说，所谓承担对学生生命的责任，是指要有责任意识，也就是清楚自己应该担负的责任，并自觉、认真地履行，将这种履行融入整个教育教学活动之中；要有承担责任的能力，也就是有能力主动去承担法律法规或道德所约定的教育学生的责任；更要有将责任意识和负责能力转化为学生的人生习惯的自觉性。归纳成一句话，就是要促进学生的全人格发展，而不能仅仅关注分数和排名。

关于教育与人生的关系，李政涛教授将其比喻为一枚硬币的两面：一面是你想给他们什么样的人生，就会给他们什么样的教育；另一面是你给了他们什么样的教育，就会让他们度过什么样的人生。你想给学生什么样的教育、你给了学生什么样的教育，其背后就是你的价值观，就是你对他人生命的态度。

三是拥有对外在环境的自觉。对环境的变化敏感的人，会自觉捕捉所处的生存环境的信息，理解和运用有利于其生长的优势资源，规避和消解不利于其生长的各种因素；而对环境的变化迟钝的人，无论风霜雨雪、花开花落，都会无动于衷。

问题是，许多环境的变化是不可逆转的，就像信息技术对教育的影响。教育要引领社会的发展，如果教师对社会环境的变化无动于衷，怎能承担引领之责？一个对教育充满热忱的教师，总是会敏锐地捕捉到环境的变化，并将其作为设计教育内容、改造教学流程的重要考量因素，让自己始终走在教育变革的制高点上。

生命自觉，不仅仅是教师应该具备的价值取向。李政涛认为，学校作为育人的基本单位，它的首要职责就是将以"生命自觉"为核心的当代主流价值取向传递给学生，变成学生生命发展中的内在构成部分，这同时也是当代学校的文化使命。

这让我想起了布鲁纳。20世纪60年代，以杰罗姆·布鲁纳（Jerome Bruner）的《教育过程》为代表的认知主义教育观，对整个世界的教育产生了很大的影响。在世纪之交，当我们高举着认知主义的大旗，努力探索自己的教育改革之路时，布鲁纳对自己的理论进行了颠覆，提出了新的教育理论——文化主义教育观，文化、心灵、教育是其中三个非常重要的概念。布鲁纳认为，仅从心理学角度来解释教育有一个很大的缺陷，就是将孩子看成一个孤立的个体，不去关注孩子所处的文化环境。教育是社会体制，是文化的自我摸索和自我生产。心灵必须存在于文化的环境中。

在孩子成长的过程中，为他们营造"生命自觉"的文化环境，就成了家庭、学校和社会教育的共同使命。

首先，要为孩子创造各种类型的"仪式"。

亚里士多德曾说，模仿与人的天性有关。"从孩提时候起人就有了模仿的本能。……人最善模仿并通过模仿获得了最初的知识。"① 表演能力是人之为人的基本能力，它必须通过模仿来习得。具有表演性的仪式塑造了儿童生活，儿童在仪式中通过表演和模仿进行文化学习，进而获得实践知识。例如，家庭生活中的就餐是一种仪式。儿童从小在餐桌上习得了语言，找到了角色，将必要的规范内化；全家度假也是一种仪式，儿童从中获得的不仅仅是身体对寒暑的抵抗能力和丰富的文化体验，还能感知并逐渐内化自身在家庭生活中的责任和义务。校园生活中的仪式也是多种多样的，有入学礼、特别的纪念活动、成长仪式、离校仪式等。教师需要有意识地创造并运用仪式来营造校园文化和教学氛围。这应该成为教师的一种基本能力，即"创造仪式"的能力。

其次，要加强学习与现实生活的联系。

所谓文化，简单地说，就是人的生活方式。人的成长和发展的过程，就是对某种文化及其所体现的生活方式的习得和积淀成型的过程。不同家庭培养出来的孩子有很大的差异，就是因为家庭文化和生活方式不同导致的。不同民族的人们都有自己独特的风格，也源于此。

但无论是家庭教育还是学校教育，都比较关注学生学科知识的掌握情况，关注孩子是否出现身体上的不适，而孩子在成长过程中对文化的不适应却常常被忽略。家庭教育、学校教育与社会隔绝，使得孩子自己都以为学习是为未来做准备，不用关心现实世界的状况。等到大学毕业

---

① 田伟松，张晓光. 论亚里士多德"模仿"概念的深层意蕴［J］. 江苏理工学院学报，2021，27（03）：1-2.

将要踏上社会之时，才发现自己对社会一无所知，像一只无头苍蝇一样四处碰壁，内心充满了挫败感。

所以，杜威也强调教育必须与现实的社会生活紧密联系起来，才能发挥应有的作用。他主张教育应当是生活的过程而非对将来生活的准备，要求学校把教育与儿童眼前的生活融为一体，教会儿童适应眼前的生活环境。

再次，要培养师生的"跨文化能力"。

随着人口流动速度的日益加快，整个地球正逐渐"缩小"为一个"地球村"，跨文化接触已是学校教育中的常见现象。在同一个班级里，来自不同国度、不同地区、不同民族的人在一起学习，越来越成为一种常态。不同文化的交融和碰撞，也自然地摆在了我们的面前。我们对待这些现象的态度反映的就是我们的价值取向，影响的是孩子的成长和发展。

伴随着这一现象而至的，是对教师专业素养的新要求，一种衡量教师专业能力的新指标或新要素产生了，这就是"跨文化能力"。教师和家长都要认识到跨文化接触无处不在以及其独特的教育价值，不要让已有的文化成为制约儿童生命发展的障碍。

四、遵循教育规律

万物生长有自己的节奏和规律，教书育人也是如此。将"生命自觉"作为价值取向的教育，一定是遵循规律的教育。

所谓遵循教育规律，从某种意义上说，就是遵循教育的程序。没有合理的程序就没有合理的教育。李政涛认为，研究儿童，最需要关注的是与儿童生命有关的两大程序：一是儿童生命自然成长和发展的内在程序；二是促进儿童生命成长的教育教学行为的外在程序。教师需要有发现程序、破解程序和构建程序的能力，面对儿童生命的内在程序，构建促进其内在秩序运行和发展的外在程序，进而使内外程序相辅相成。这可能就是"教育力"的核心所在。从更深一步来看，关注程序和破解程序可能是理解一个民族和国家的文化逻辑或文化密码的一把钥匙。

教育的使命是成人之美，成就人性之美。孩子到幼儿园来，吃完了中饭后要睡觉似乎是天经地义的事情，但这是否尊重了孩子？在德国的幼儿园，孩子就有自主选择的机会：中午是否午睡，不午睡的话是去游泳还是去天文馆参观等，都由孩子自己决定。对孩子来说，幼儿园就是"游乐园"，不是一个"学习场所"。

教育是面向未来的事业，但所有的教育行为都必须立足当下，让孩子在当下活得愉快，健康成长。如果当下不能健康成长，那么如何能赢得未来？

正如日本学者河合隼雄所说："但是，是不是每个人都知道，在每个孩子的内心，都存在一个宇宙呢？它以无限的广度和深度而存在着。大人们往往被孩子小小的外形所蒙蔽，忘却了这一广阔的宇宙。大人们急于让小小的孩子长大，以至于歪曲了孩子内心广阔的宇宙，甚至把它破坏得无法复原。一想到这种可怕的事往往是在大人自称'教育''指导'和'善意'的名义下进行的，不由得更加令人无法接受。"①

---

① 河合隼雄. 孩子的宇宙 [M]. 王俊，译. 上海：东方出版中心，2010：3.

第二辑

育人的规律

学习任何知识的最佳途径都是由自己去发现，因为这种发现理解最深，也最容易掌握其中的规律、性质和联系。

——波利亚

使学生对一门学科有兴趣的最好办法是使其知道这门学科是值得学习的。

——布鲁纳

人像树木一样，要使他们尽量长上去，不能勉强都长得一样高，应当是：立脚点上求平等，于出头处谋自由。

——陶行知

01 心理学的基本理论

种庄稼的人都知道，什么时候播种，什么时候浇水，什么时候施肥，什么时候收割。植物的生长有其内在的规律，我们需要按照其生长规律给它创设良好的环境，才能保障庄稼的茁壮成长。

育人也是如此，只不过人的生长规律比庄稼要复杂，不仅要关注孩子生理发育的规律，而且要研究其心理成长的规律，并且需要将两者结合起来思考。只有当我们懂得了孩子的身心发育的特点和规律之后，才有可能进行正确的养育。

一、几种重要的学习观

直接影响教师的教育教学行为的主要学习观包括行为主义、认知主义、建构主义和人本主义。下面做一些简单的分析。

行为主义产生于 20 世纪初的美国，其代表人物有约翰·华生（John Watson）、伯尔赫斯·弗雷德里克·斯金纳（Burrhus Frederic Skinner）、阿尔伯特·班杜拉（Albert Bandura）等人。在行为主义者看来，学习是建立刺激与反应之间的联结，所有的行为都是习得的。行为主义强调在教育实践中，教师要掌握塑造和矫正学生行为的方法，为学生创设一种环境，在最大程度上强化学生的合适行为，消除不合适行为。

认知主义是与行为主义相对立的一种学习观。这一学派认为学习是人们通过感觉、知觉进行的，是由人脑主体的主观组织作用而实现的，并提出学习是依靠顿悟，而不是依靠尝试错误来实现的观点。认知主义学习观的主要代表人物有让·皮亚杰（Jean Piaget）、布鲁纳、戴维·保罗·奥苏贝尔（David Pawl Ausubel）、爱德华·托尔曼（Edward Tolman）和罗伯特·米尔斯·加涅（Robert Mills Gagne）等。

不过，上述两种学习观都将"知识"视为能捆绑起来传递给别人的东西，是个体心灵之外的实体。行为主义认为知识是教师可以给予学生的一种物品，教师只要反复给学生施加某种类型的"刺激"，学生就能习得某些方面的知识。而认知主义注重发展学生的心理结构，通过让学生大脑中的知识组块不断丰富和壮大的方式来增加新的知识。在认知主义教学中，教师将信息或"知识"切分成小块提供给学生，以便学生吸收或"学习"。

建构主义认为，知识不是可以提供给学生的一种物品，而是由个体自己建构的东西。建构主义的两个主要代表人物是列夫·维果茨基（Lev Vygotsky）和皮亚杰，这一派认为学习是一种个体活动，教师可以通过搭建脚手架帮助学生理解新知识来支持和促进这种个体的学习活动。建构主义相信：学生在将新信息和先前的经验联系起来的过程中，会调整现有的思维模式来容纳新信息，从而建构他们的知识。建构主义认为，认识和理解是高度个人化的东西，每个学生都将以自己的方式建构知识。

大多数教师习惯于这样的课堂：学生或读写，或做研究，都在勤奋、安静地学习，吸收着教师提供的知识。但建构主义课堂依据的是不同的原则：学习是一种主动的、合作的、社会性的活动，包括讨论和有组织、有互动的小组工作，目的是促进学生创造独特的理解和意义系统。在建构主义者看来，学习是学生自己的事情，在学习的过程中学生不能被动地听教师讲解，而要主动参与，着力在事实或知识碎片间建立联系，以建构新的知识。以建构主义的方式组织教学，教师不能控制学习的进程，不能决定学习什么以及怎么学习。教师的角色需要从教授者转变为引导者，要善于向学生提出有挑战性的问题，让学生基于对这些问题的思考来形成自己的理解。组织建构主义的教与学需要考虑多方面的变量，如学生的天性、学生的学习水平、学习的主题、课堂风气、教师的态度与自信程度等，这些都能左右建构主义教学的实际效果。

人本主义兴起于 20 世纪 60 年代，其代表人物有亚伯拉罕·马斯洛（Abraham Maslow）、卡尔·罗杰斯（Carl Rogers）等。人本主义学习观的基本原则是将学生牢牢置于学习进程的中心，确保学生不仅能获得成功所需的工具（知识与技能），而且能获得理解自我的工具，使自己有能力走向成功。从某种意义上说，几乎所有的教师都具有人本主义的学习观，因为大多数教师进入这个行业时，都希望以某种方式充分开发学生的潜能。

人本主义教学隐含着这样五条原则：第一，学生在一个他们感觉安全的环境中能学得最好；第二，教育者和教育系统本身的主要职责是培养个体的求知欲，教学生学习的方法，同时激发学生独立学习的渴望；第三，学习应该是自我导向的，学生不仅要对自己的学习负责，还要对选择什么学习内容、如何学习，以及如何表达自己的理解负责；第四，学生的感受在学习过程中发挥着重要作用，重视认知领域和情感领域相互融合；第五，学生具有评估自我的学习价值和效用的能力，最重要的评估是学生实施的自我评估。

需要说明的是，每一个教师在教育教学的不同环节，依循的学习观可能是不一样的，一个教师不可能仅仅局限于用某一学习观来指导自己的所有教学实践。如果从教师成长的历程来看，多数人会从以行为主义的学习观指导教学开始，历经认知主义，再逐渐向建构主义过渡，在这中间，又融入了人本主义的一些观念。教师可以结合自身的教学实践，对自己所秉持的学习观做一些深度的解剖和反思。

二、教育现象中的心理学

校园里司空见惯的教育现象背后，常常蕴含着诸多的心理学原理。如果我们善于从心理学的角度去分析和研究，找准教育现象背后的心理学机制，并因势利导地加以处置，不仅可以让很多的教育问题消弭于无形之中，还能很好地提升教育的品质。

1. 学习中的心理学

真正的学习活动一定伴随着心理活动。掌握一点心理学中有关学习的知识，可以帮助教师和学生更好地学习。这里举两个例子。

（1）短时记忆

认知心理学的研究表明，人的短时记忆的信息量上限在5~9个信息点。如果在短时间内给出的信息太多，则相当一部分信息就会"外溢"，不能被接受。这种心理机制告诉我们：第一，在设计教学的时候，信息不能过多；第二，如果信息过多，就要设法进行组块，从而方便记忆。

比如"着"字，共有11笔。像这种笔画较多的一类字，孩子刚开始学写的时候，往往是比较吃力的，因为信息点太多，孩子不易记住。大多数老师采取的办法是让孩子反复书写，通过反复的强化来增强记忆。小学语文特级教师薛瑞萍让孩子观察笔画比较多的字的结构特点，并和自己已经认识的字建立联系。关于"着"，孩子编出了这样的口诀："上边的羊尾往左甩，下面的眼睛看过来。"这样一来，孩子在认写"着"的时候，就从原本需要记忆11个信息点减少为2个信息点，信息点少了，记忆起来当然方便多了。

一些教师在讲评试卷时，一节课能讲解几十道选择题，看上去讲解的速度很快，但因为信息点过多，要让学生都记住是不大可能的。教师为此还常常责怪学生，说已经讲过的内容，为什么还是不会。其实是教师自己不了解"短时记忆"的特点。

（2）习得性无助

"习得性无助"是美国心理学家马丁·塞利格曼（Martin Seligman）1967年在研究动物时提出的。他用小狗做了一项经典实验：起初把狗关在笼子里，只要蜂鸣器一响，就给它难受的电击，狗想逃跑，但因为关在笼子里逃避不了电击。多次实验之后，狗逐渐不再躲避，而是趴下来静静地接受电击。到最后，蜂鸣器一响，在给电击前，先把笼门打开，狗不但不逃反而不等电击就先趴在地上开始呻吟和颤抖。本来可以主动地逃离却绝望地等待痛苦的来临，这就是习得性无助导致的。

从学习的角度来说，"习得性无助"就是个体认识到自己的能力无法解决困难，对目前的环境变化无法控制，或者是对未来发生的事情无法预测时，丧失斗志，进而陷入绝望的心理困境。美国国家阅读委员会的报告这样描述具有"习得性无助"特征的学生："懒散、怠慢、有时是破坏性的。他们不完成作业，面对困难的作业会很快放弃。在要求他们大声阅读和测验时会变得焦虑。"会感到"习得性无助"的人绝对不是只有学生，当教师不断地重复教学，却怎么教都教不会的时候，也会产生"习得性无助"的感觉。

"习得性无助"必须是当事人把失败的原因归于自己内在的因素时才会发生。比如学生认为自己不具备学好某一课程的能力，他就会产生这种感觉；比如教师认为自己不会教，自己没有办法改变学生，久而久之也会有"习得性无助"的感觉。

塞利格曼还做了一个实验。如果先让小狗有逃出笼子的经验，再去做电击实验，小狗挣扎的时间更久，且会到处寻找可能逃出笼子的方法。这个实验给了我们一个很积极的想法：如果我们让孩子不断成功地解决一些小难题、小挫折，这些成功经验将大大地帮助孩子们产生日后面对困境的坚强心态。尽管家长、教师有很多的事情做得比孩子要好，但一定不要越俎代庖，要给孩子亲身实践和尝试的机会，没有这些小的成功的学习，孩子是做不了大事情的。

2. 班级管理中的心理学

班级是学校的基层组织，是开展教学活动的基本单位。班级管理的好坏直接影响到学风、班风和校风。班级是由一个个学生组成的，有学生的地方就有心理学。

(1) 破窗效应

在一幢建筑物里，若有一扇窗子的玻璃被打破了，却没有人去处置，很快就会再破第二扇、第三扇。当达到一定数量之后，整个破坏的速度更会成倍上升。这一现象被心理学家称为"破窗效应"。心理学家关注的是玻璃坏到多少块的时候，破坏的速度会明显提升。事情会变好或变坏，往往只需要一个关键点的突破而已，"坏"同学多到一定的数量，全班就会快速沦陷；好同学增加到一定的数量之后，全班也会快速地步入正轨。

很多班主任感叹说以前的学生好带，现在的学生不好带。这个现象其实也可以用破窗效应来加以解释。以前的学生在生活中受到社会各方面的诱惑比较少，想读书的同学在班级里占多数。当老师把注意力放在想读书的这些学生身上的时候，也就是把注意力放在了多数学生身上，这种关注促进了正向破窗效应的形成，把班级里那些不想读书的孩子也给带了起来。而现在，家庭和社会给孩子的学习压力很大，社会上方方面面的诱惑又是如此之多，使得很多学生内心里并不把读书作为自己的首选项。当班主任还是用老方法将注意力放在内心里想读书的人身上的时候，关注的自然是少数人。这种关注还有可能导致负向破窗效应的形成，致使更多的人不想学习。若出现了这种情况，带班的难度就会越来越大。

(2) 自我实现预言

周围人对某人的看法会影响此人的行为，最后导致他的表现符合大家的预期，就好像印证了原先的看法一样。这样的现象被称为"自我实现预言"。罗伯特·罗森塔尔（Robert Rosenthal）所做的实验就是自我实现预言的一个典型实例。在日常生活中，自我实现预言比比皆是。

很多班主任自接手新的学生起，就开始想方设法了解孩子以前的各种表现，然后在脑海中产生先入为主的观念。当然，最终能记住的主要是两类人：一类是特别优秀的，一类是问题很多的。在接下来的教育中，班主任对这两类人所采取的态度和教育的策略是大不相同的，通过自己的言行让孩子感受到了班主任对自己的看法，然后必然是优秀的更加优秀，有问题的继续有问题。

教学的安排中也有这样的现象。有很多高中将三年的学习任务压缩到两年完成，用一年的时间来复习迎考。其中就包含了这样的逻辑：学生是不会去主动复习的，所以才需要学校和教师帮助他们。如果我们一开始就认定学生不会主动读书，当学生感受到了老师和学校对他的看法之后，也就会渐渐表现出被动的读书习惯，于是教师只好不断地用尽各种手段来让学生愿意读书。

3. 人际交往中的心理学

学校是一个大家庭，学生生活离不开人际交往。在人际交往之中，也隐含着许多心理学的原理。

（1）自我评价维护理论

很多人可能都有过这样的感受：明明自己做了一件不错的事情，但是同事硬是不把它当作一回事，搞得自己那种"成就感"无可奈何地消失。其实，这并不是同事不看重这件事情，而是他们维护自尊的一种表现。从心理学的观点看，多数人在对待他人的成就时，心里所关注的是这份成就是否会威胁到自己。如果和自己没有关系，那他就会赞赏，甚至帮着宣传他人的成就；如果威胁到了自己，他就会漠视他人的成就。泰舍（Tesser）在1988年提出"自我评价维护理论"，对此有过详细的分析。

在平时的生活中，人们比较愿意肯定那些"已经被别人肯定过的人"的成就，如职位高的人、学历高的人、得过奖的人、上过电视的人等。这些人已经在某种程度上通过具有公信力的测试，所以肯定他的成就对自己就比较安全。这个现象的背后是对自己没有信心。因为没有信心，所以才要等到别人说了之后，再跟着附和。

（2）虚假的一致

人们总是会把自己的行为想成是典型的行为，认为自己既然这么做了，别人也应该都会这么做才对。这种把自己的行为夸大为所有人的普遍行为的现象，就称为"虚假的一致"。

当一个人（A）讨厌另一个人（B）的时候，他会利用聊天等机会，向他人（C）表达自己对 B 的厌恶。C 是否也厌恶 B 呢？A 其实是不可知的，但除非 C 确实很喜欢 B，一般情况下他不会和 A 唱反调，会用一些比较中性的话语来回应 A。然而这些中性的话语会被 A 解读为 C 和自己的观点是一致的。这种现象经常发生，一些人会因此误认为"民意"在他自己这一边，做出一些过分的事情来。

这种现象在生活中也是很常见的。比如某位老师非常欣赏自己一路走过来的求学经历，就认为这样的求学经历是唯一正确的，要求孩子也一定要按照他走过的道路重走一遍；有的家长信奉棍棒之下出孝子，动不动就惩罚孩子，还始终认为孩子现在可能恨自己，但以后会感谢自己的；A 喜欢上了 B，就以为周围的人也都喜欢 B，所以想尽办法离间任何想接近 B 的人，却没有想到自己眼中的宝贝，别人可能根本不屑一顾。

三、感受孩子的心灵

我们都有过这样的经历：当看到雪花翩翩落下，或静观太阳缓缓升起，或欣赏一首美好的曲子，或深夜聆听此起彼伏的虫鸣的时候，我们常常能瞥见自己内心深处那无比宁静和美好的地方。感受身边的每一个人、每一件事物，才能让生命生动而自由起来。对于孩子来说，如果他们的心灵没有被教育者（家长、教师等）感应到，一切的教育都是没有用的，教育的真谛将离我们越来越远。

现在的教育者喜欢按照自己一厢情愿的想法来对孩子的学习生活进

行全方位的设计，并要求孩子不折不扣地加以执行。至于孩子自己是否愿意，教育者很少关心。很多家长和教师，不仅替孩子设计，还要不断监督孩子是否达到了预期的目标，不厌其烦地在孩子面前唠叨，让孩子反感至极。教育的低效，是因为教育过程缺乏心灵感应，是因为教育者一刻不停地说教。

教育者应有一种美德，那就是让自己变得"柔弱"起来。只有自己的内心变得"柔弱"了，才能缩短孩子的心灵与教育者心灵之间的距离，才能把话说到孩子的心里去。老子说："人之生也柔弱，其死也坚强。草木之生也柔脆，其死也枯槁。故坚强者死之徒，柔弱者生之徒。"意思是说，人活着的时候，浑身是软的，死了才硬邦邦；草木活着的时候，非常细腻，死了才干枯。也就是说，生物变得坚硬往往是因为失去了生命。孩子的心灵是柔软的，如果在成长的过程中，不断受到"坚硬的物件"的撞击和摩擦，使心灵变得千疮百孔，他也许用一生的力量都难以修补得好。

厌学是现在普遍存在的一个教育问题。不光是那些在班级里学习成绩不好的学生厌学，很多学习成绩很好的学生也厌学。很多人看到孩子厌学之后，总是从学习方法和师生关系上加以引导，却常常忽略了一个非常重要的因素——对孩子内心的关怀。当孩子内心缺乏学习的愿望，产生了恐慌的心态时，学什么都是没有用的。教育者首先应该打开自己的心门，然后用自己的心灵去沟通，打开孩子的心灵，这才是教育的真谛。

在一所学校里，孩子正在学习建筑。在老师的引导下，孩子谈论建筑结构，查阅有关建筑的书籍，练习在木工工作台使用工具，并参观建筑工地。最后，他们决定在学校里建造一座房子。孩子在教师的帮助下，爬上脚手架并将屋顶板钉上去。但有一个名叫玛格利特的小女孩却在施工区徘徊。她想要去钉钉子。她的老师朱迪说："我们今天要盖屋顶，如果你愿意帮忙，我会帮助你爬到脚手架上。"

玛格利特说："不要，我只想要钉钉子。"老师很坚定地说："如果你愿意，你可以回到教室里使用木工工作台。现在我们正在盖屋顶，如果你不愿帮忙，还有很多其他的选择。"

朱迪不时地评论一下正在工作的孩子,如:"昨天彼得很害怕爬到脚手架上。他认为他没办法扶好架子,然后钉钉子。""当亚香堤第一次爬到屋顶上工作时,她张望了好一会儿,因为她很怕爬那么高,那会让她没办法专心钉钉子。"

玛格利特因为一开始不能钉钉子的抱怨和哭泣已经停止,她非常留意地看着那些不时会得到老师鼓励的盖屋顶的小工人们。

"你们钉了好多屋顶板哦!"朱迪说。玛格利特在一旁注视着。

朱迪终于对玛格利特说:"不知道亚香堤愿不愿意握一会儿你的手,来帮助你习惯待在那么高的地方?那么也许明天你也会想要钉屋顶板了。"

这时亚香堤加入了对话,说:"来吧,玛格利特,我会握紧你的手的。我以前也害怕。"玛格利特站了起来,朱迪帮助玛格利特爬上脚手架。当她一爬到上面,亚香堤就立即握住她的手。她脸上的表情从一整个早上的忧伤、迟疑、不开心,转变为洋溢着胜利的喜悦。

沉浸在自己的成就中的玛格利特成就感瞬间爆发。她开心地大叫着:"给我一些钉子!"玛格利特钉下了她的第一块屋顶板。朱迪笑着说:"干得不错!"

……

如果朱迪当时给了玛格利特一些钉子,玛格利特可能就会始终处在大家活动的边缘地带,不会去冒险学习新的事物。朱迪通过搭设支架,让玛格利特战胜了恐惧、使用了自己的技能和能力,也提升了孩子的自信心。玛格利特自己无法做到,是老师和同伴的帮助让她在已经准备就绪的前提下往前发展了一大步。

玛丽亚·蒙台梭利(Maria Montessori)和维果茨基都非常强调观察的重要性。仔细的观察是教师确定什么是孩子必须学习的东西的关键。所有的这些观察以及对孩子的了解,也是成功地搭起支架帮助孩子学习的关键。在采取激励孩子前进的举动之前,如果不能充分地了解孩子,以及花费时间仔细地观察和思考,教师就有可能会犯下严重的错误。

02 生命的节奏

不同的年龄段里，孩子在生理、认知（心理）、语言、情感（社交）等方面的发展并不是线性的，而是具有阶段性的特征。在不同的阶段里，孩子某些方面的发展会非常迅速，处于最佳的发展期。比如一个两岁孩子的大脑的新陈代谢所消耗的能量相当多，这意味着这个年龄段的孩子加工、处理信息的速度也相当快。

一、养育孩子的三要素

养育一个健康、快乐且有能力的孩子有赖于以下三个基本要素：第一，要理解孩子的成长规律；第二，要理解"温暖"对孩子成长发育的重要性；第三，要意识到每天、每周、每月和每年的生活节奏对孩子的影响。

1. 孩子的成长规律

零到七岁，是孩子学习欲望、生长欲望最为高涨的一个阶段。孩子不加选择地吸收环境中的一切，不加判断，也不加过滤，所有的印象深深地进入其内心。因此，给孩子创设一个适宜生长的环境非常重要。在这段时间内，成人必须做孩子的保护屏障。如果将零到七岁再细分为三个阶段，孩子在这三个阶段身体发育的特点和心理发育的重点也是有很大区别的。

从出生到两岁半的婴幼儿，其生长发育主要在头部，即发展神经系统。其最重要的成长体现在学会说话、走路和本能地思考这三个方面。孩子将从吃和睡这两项活动中逐渐"醒来"，慢慢进入这个世界。

两岁半到五岁的孩子，主要的身体特征是躯干的成长，其生长发育主要在胸腔，尤其是心和肺。两岁半左右的孩子，记忆力开始越来越好。到三岁左右，孩子开始称自己为"我"，第一次体验到自己是一个独立的个体，随之而来的是思想的觉醒。紧随说"我"阶段而来的是说"不"阶段，孩子说"不"是为了试探一下尺度，就如同我们试穿鞋子一样。这还是一个问"为什么"的年龄阶段，他们一遍遍地问"为什么"，但对我们的答案却往往不太感兴趣。孩子需要的是一个简单而有诗意的回答，并不需要科学的答案。在这个阶段，孩子开始更善于表达自己的感受，会流露出更多的感情，他们的社交能力也在发展。

五到七岁的孩子，生长发育主要在四肢，"宝宝肚"逐渐消失，脊椎曲线日渐成熟，腰线也分明了。这个阶段的孩子能更好地主导自己的行为，游戏也变得更有目的性和计划性，他们的记忆力进一步发展，伙伴关系也变得更加有意识，玩得好的朋友轮流去各家做客成为一项重要的内容。

2. 温暖的重要性

温暖维持着生命，是健康成长发育的最基本条件。孩子在没有出生之前，就已经通过母亲的子宫感觉到温暖了。成人的身体可以自己维持好体温，婴儿却无法做到这一点，因此在孩子离开子宫降生之后，成人需要给孩子创造一个类似子宫的温暖环境，通过父母和孩子的身体接触、合适的衣服及毯子来为孩子保暖。

孩子在出生之后，身体和心理依然处在不断发育的过程中，孩子对冷和热的感觉也是逐渐发育完成的。学龄前的儿童似乎对冷不太敏感，他们的身体摸上去凉凉的，但问他们时总会说不冷，其实这就是身体还没有发育好的缘故。在这个阶段，家长要特别注意给孩子保暖，因为需要用自己的能量来保暖时，孩子用在健康发育方面的能量就会减少，这对其健康成长是不利的。

孩子小的时候经常生病，生病的时候经常会伴随着发烧，每当出现这个情况，家长都非常着急，忙着带孩子看医生。其实有时候，孩子生病就是为了帮助他自己保持健康的体温。相关的研究也发现，小时候经常发烧的孩子，长大后保持精神饱满和身体温暖的能力相对较强。孩子身体发育方面的这些奥秘，真的需要我们努力去发现。

3. 节奏的重要性

自然是有节奏的，我们的生活也必须有节奏。遵守每一天、每一周，甚至一年四季的节奏，才能收获生活所需要的东西，做到丰衣足食。如果为孩子建立有规律的外部节奏，那么一种内在的节奏也会在他们体内形成。

居家生活的节奏感对家庭成员来说意义重大。例如：周一是清洗日，母亲会给大家的床换上新床单，浴室里的毛巾也全部换上干净的；周二是熨烫日，母亲会认真熨烫每一件衣服，包括餐巾和厨房里的毛巾……固定的生活习惯和节奏，会在孩子的心里留下深刻的印象，并在耳濡目染之中帮助孩子养成同样的节奏和习惯，一代代地传递下去，不需要进行专门的教育。

身体的节奏是衡量身体健康与否的一个指标。心率、血压和脉搏等都是身体节奏的具体体现。在居家生活和学校生活中，节奏也有利于维持纪律。如果孩子知道接下来会发生什么，就会有一种安全感，会更愿意"随波而动"。

家长和教师自己要形成良好的生活节奏，在每一个时间段里都要有相应的安排，而且要将这些安排大体固定下来，让其成为一种生活习惯。在这方面，我们面临的最大问题是成人自己太过随意，生活没有固定的节奏，让孩子感觉自己就像是在不同的世界里来回穿行。

二、儿童的秩序感

在孩子刚入幼儿园的那段日子里，相信不少家长对孩子的哭闹记忆犹新。有的孩子比较适应幼儿园的环境，也有不少孩子还没有到幼儿园的门口就开始大哭大叫，搞得家长也心慌意乱，孩子虽然交给了园方，但自己依然心神不定，一颗悬着的心怎么也放不下来。

孩子为什么会哭闹？不妨先从两个案例说起。

案例一：六个月大的孩子，看到有人进入房间之后将一件物品放到了桌子上，立刻变得不安并尖叫起来，过来的人还以为孩子喜欢这个物品，将它拿到孩子跟前，孩子尖叫的声音更响了。当把该物品拿走放到孩子看不见的地方之后，孩子很快平静了下来。

孩子对物品敏感的背后是孩子的秩序感。蒙台梭利的研究表明，孩子对秩序的敏感可以追溯到刚出生的第一个月。当他看到有东西被放置在应该放置的位置上时，就会表现出高兴和满足。能四处走动的孩子，会最先发现一件物品放错了位置，并把它放回原处，而成人往往缺乏这样的敏感。如果孩子所看到的、感受到的秩序被破坏，而且无法还原，可能会引起他心理上的不安。

案例二：大约十个月以上的孩子，坐在高高的宝宝椅上，最喜欢做的一个游戏，就是将手边能拿到的某种物品——玩具、吃饭用的调羹、颗粒状的食物等，从高处丢到地上。在往下丢的时候，孩子的眼睛并不看着这些物品，让物品在自己的视线里消失，过了一会儿才把头扭过去在地面上找寻物品跑哪儿去了。物品在落地的时候若还能听到响声，孩子会觉得更加有趣。如果陪伴在孩子周边的人把孩子丢下的物品从地面上捡起来，重新递给孩子，孩子会非常高兴，然后继续重复刚才的游戏，直到他的游戏伙伴（孩子身边的人）结束这个游戏为止。

某件物品从孩子的手中、视线中消失，其实就是秩序被打破的过程。孩子做上述游戏有着主动探索的意味，想看看那些消失的物品是否还会重现，被打破的秩序是否可以重新恢复。秩序被打破，带来的是心理上的不适以及焦虑感；物品在消失之后能重现，让孩子明白被打破的秩序，经过一段时间或某种方式是可以恢复的。当然，一次尝试不足以缓解孩子内心的焦虑，需要反复去试探、反复地重现，才能让孩子确认他的感受是正确的。这样的游戏背后，还有一层更深刻的含义，就是对爸爸妈妈离开自己去上班的现实的一种适应。孩子看到爸爸妈妈离开自己，总会感到焦虑不安，并会通过哭闹等方式来表达自己的心情。而这种让物品不断重现的游戏，可以暗示孩子爸爸妈妈过一阵子会回来的，以此来帮助孩子缓解内心的焦虑。

上述两个案例告诉我们，孩子在刚进幼儿园的阶段会大声哭闹，可能根源就是此前养育方式的不当。在平时的生活中，父母没有关注到孩子对秩序感的敏感，以及对和谐秩序的渴望：或给孩子所提供的生活环境缺少规律，总是处在变动中，让孩子有些无所适从，产生心理上的焦虑；或在孩子自己想探索秩序被打破会带来什么样的影响时，不理解孩子做这些事情的动机，对孩子的这种游戏不予理睬，甚至还大声呵斥，无形中又让孩子意识到，一旦秩序被打破，恢复是很难的，而且自己还要承担一定的责任，这会让他在内心中产生更严重的紧张和恐慌。

在这样的环境和氛围中成长起来的孩子，其实也已经建立了比较脆弱的对家庭"秩序"的认知。一旦家长将其送到幼儿园，要让他面对全新的环境、全新的人群，他在家庭生活中所建立起来的脆弱秩序被打破，他可能就会根据自己的经验判断自己的家庭、自己的父母消失了。在这样无助的、焦虑的心理状态下，号啕大哭就是很自然的事情了。

还有一件事情也是成人觉得不可思议的，那就是孩子的"捉迷藏"游戏。一个孩子掀起桌布藏到桌子底下，当其他人看到藏在桌下的同伴后，会高兴地大声欢呼。然后另一个人再钻到桌下，重复刚才的游戏，一个个乐此不疲。如果有一个小伙伴另辟蹊径，藏到了其他家具的后面，这群孩子会装作没有看见，继续在桌子周围寻找。直到这个孩子自己站出来说："我在这儿呢。"这种看似荒诞的游戏的背后，其实反映的就是秩序感。在孩子生命的某个阶段，快乐就是在一个熟悉的地方找到他们认为应该存放在那里的东西。

秩序，以及在秩序遭到破坏之后重新建立秩序，是教育幼儿时期的孩子应特别关心的事情。

但强调秩序，并不意味着孩子就要一直生活在一个固定的空间和环境里。孩子成长的过程，是不断拓展自己的活动边界、不断拓宽自己的视野的过程，也是一个不断打破秩序又重新建立新秩序的过程。在这个时候，家长的作用尤其重要。一方面要引导孩子明白，破坏了的秩序是可以重新恢复的，要通过消失事物的重现和多样化的游戏让孩子克服因消失和分离而产生的焦虑感；另一方面要帮助孩子在新的环境中建立新的秩序，帮助孩子在新环境中获得安全感。

那些平时就有良好秩序感的孩子，以及时常在消失了的东西会通过某种方式再现的游戏中获得满足感的孩子，在走入幼儿园的时候，就不会有很强的焦虑。他会将更多的精力放在建立新秩序、让自己在幼儿园生活得更加舒适的活动中。

三、对玩具和游戏的需求

零至七岁的孩子，对玩具和游戏的需求也是不一样的，这大体上又可以分为三个不同的阶段，每个阶段都有其独有的特征。

1. 出生到两岁半

孩子的第一个玩具是什么？如果家长仔细观察的话，就会发现，孩子最早开始玩的是自己的手，他会盯着手看，将手放在脸前挥舞，或者把手放在嘴里。之后，他们会把自己的大脚趾放在嘴里，还会玩够得着的其他物品。几个月大的时候，他们会抓着拨浪鼓摇晃。

除了自己的手和脚，对婴儿来说最重要的玩具是一个非常简单的布娃娃。当孩子学会坐、直立以及行走的时候，他需要模仿他人，这时可为孩子准备一些动物样貌的玩具。需要注意的是，选择的玩具最好是布制的，造型要避免过度夸张，玩具的形态和神情应该与活的动物类似。

小孩子不需要太多玩具。如果他们面前有太多玩具，他们可能一个也不玩。孩子喜欢观察周边的成人，并尝试着通过玩具将自己所观察或体验到的表达出来。成人在做家务时，如果有孩子在身旁，动作一定要有条理，注意力一定要集中，因为成人的手势、态度以及努力的程度都会在孩子的心中留下印象。给孩子准备一些简单的玩具，如玩具木勺、玩具罐子和玩具碗等，或许就可以满足孩子的愿望。

刚学会走路的孩子喜欢玩篮子，他们把篮子装满之后倒空，又装满又倒空。用小桶玩沙子时也是这样。这是他们体内的"构建力"的一种延伸，与体内器官的成长和新陈代谢有关。

刚学会走路的孩子特别喜欢在浴盆里玩水，把水溅得到处都是。有时，会找一小块布将自己遮盖起来和他人"捉迷藏"，也是他们最喜欢做的事情。

2. 两岁半到五岁

孩子成长到三岁左右时，最初的"幻想游戏"出现了——这是一个美妙的"假设"和"让我们假装"的阶段，也是孩子成长过程中的一个里程碑。

幼童学习能力极强。这体现在两个方面：一是他们缺乏判断和选择的能力，总是全盘吸收环境的信息，使其成为他们的感官印象，并在内心体验。然后他们通过游戏，让自己"加入"到这些体验之中，在游戏中把自己曾经观察到的事物的部分片段或全部重新演绎出来。游戏的"练习"过程，让孩子学到了很多成人世界的运作方式；二是孩子学习的方式和学校教育的方式有很大的不同。在学校里教授英语，采取的最基本的途径是分析法，先从字母开始，再到单词，然后是句子，再后面是语法……孩子学习知识采取的是整体辨认的方式，他们凭直觉记忆某个场景，把整幅图景保留在心中，然后进行模仿。语言学习就是如此，孩子直接模仿大人在某些情境中的话语，并逐渐地固化下来，成了他们语言的一部分。这种整体辨认的学习方式，是孩子创造力的源泉，要倍加呵护才是。

这个年龄段的孩子所需要的，是那些可以在玩耍时随心所欲改变用途的玩具。像贝壳、松果、木块、丝绸、棉布、木偶等，都是合适的玩具。很多家长经常会给孩子买一些电动的、难以拆卸的玩具，花费的钱不少，但并非最有教育价值的玩具。

这个年龄段的孩子在游戏的时候很少扮演自己这个年龄段的人，他们会假装自己是小宝宝或大人。作为幼儿教师或者家长，每天都要给这个年龄的孩子一点空间，让他们不受干扰地游戏，这一点非常重要。只有这样，他们才能充分扮演生活中的角色，同时培养专注力。每次游戏结束的时候，还要留出足够的时间让孩子收拾玩具，让收拾也变得有趣。

在这个年龄段，让孩子体验"土、水、风、火"的游戏也是一件很好的事情。"土"的游戏包括做泥巴蛋糕、玩沙坑和泥土等；"水"的游戏如洗碗、在水里做泡泡、在浴盆里行船等；"风"的游戏包括玩纸飞机、吹蒲公英，或者在风里吹肥皂泡等；玩"火"的时候，大人一定要小心看护。接触这些可以使孩子建立与自然世界的连接，轻轻地在大地上扎下根来。

3. 五到七岁

在这个年龄段，游戏有了更多的计划性，孩子的游戏变得和谐多了。他们通常已经学会分享玩具，在创造性游戏方面达到顶峰，并且注意力集中的时间也延长了。他们潜心于设计与准备游戏的过程，而不是最终的结果。比如玩"看医生"的游戏，他们会四处转悠，寻找一些东西来布置"办公室"，还会搭建一个豪华的"候诊室"，还会找来"夹板""石膏"和"拐杖"，但他们是否会真的进入到"看病"的环节，那就很难说了。

这个年龄的孩子会想要一个有更多细节的布娃娃，以便自己给它穿衣服或者脱衣服，为它梳理长长的头发，为它扎小辫子等。

有时，孩子会发出"真无聊啊"的感叹，这意味着孩子正在经历所谓的"小青春期"，也叫"六岁之变"。在此之前，是环境中的玩具在激发他们玩游戏；而现在，是孩子内心的世界在激发他们创造性地进行游戏。孩子还不知道如何利用内在的这种新能力，不知道如何面对自己新的感觉和意识。作为教师和家长，一定要引导孩子度过这个阶段，不管它需要几天、几个星期还是几个月。

在这个阶段，孩子的成长主要在四肢，"手编绳"会成为一种很好的玩具和游戏项目。男孩子在这个阶段，喜欢玩一些有技术性的东西，比如，利用现有的板凳、积木等造一列火车，并且还进行相关的角色扮演。

这个年龄段的孩子开始问一些具有哲学性的问题。家长在这个阶段要注意，很多哲学问题，只要一个简单的富有诗意的回答就够了，不要从技术的或科学的角度加以回答，这往往超出了孩子所能理解的限度。不管多么复杂的技术逻辑或哲学关系，人们都得先想出那样一幅画面，然后才能理解他们。让我们在头脑中创造出画面的力量，和促使幼儿器官形成的生命力，实际上是同一种力量。

四、人的十二种感觉

华德福教育的创始人鲁道夫·斯坦纳（Rudolf Steiner）认为，人有十二种感觉，这些感觉在幼儿教育期间应该得到尽可能的保护和滋养。这十二种感觉又可以分为三组，分别是：

1. 意志感觉：包括触觉、生命感、运动感和平衡感

上述四种感觉主要指向人的身体，因此也叫身体感觉。

触摸会让孩子获得所触摸物体的有关信息，包括温度、质地、湿度等。触摸具有分离和联结两种功能。它同时也告诉孩子关于他自己的一些信息，帮助他建立自我感觉。

生命感是一种内在的感觉。它让孩子体验到自己的身体状况，知道自己的身体是舒服还是不舒服。通过这种感觉，孩子可以觉察到任何特定时间的身体状况，并判断出疼痛的含义。

运动感可以让孩子意识到肌肉和关节的移动，让孩子意识到自己在周围空间中的运动，为孩子按照自己的节奏学会坐、站立和行走做好准备。学步车和弹跳座椅对培养孩子的运动感是很不利的，应该避免

使用。

从四处乱爬到蹒跚学步，孩子一直用内在的力量帮助自己去发展平衡感。游戏是促进孩子平衡感健康发展的重要手段，要从孩子的身上发现线索，为他选择适当的游戏。

2. 知觉感觉：包括嗅觉、味觉、视觉和温暖感

上述四种感觉主要用于建立人和世界的关系。

在孩子身体快速发育的这几年，他们从周围环境中吸收的一切，包括各种东西的味道等，都会影响他们对外界的态度。如果孩子的周围是好的味道，孩子的整个身体就会有反应，并对它们敞开怀抱；反之他可能会趋于封闭，无法发展对周围环境信任地开放的能力，这对他今后社交能力的发展会产生明显的影响。嗅觉和记忆也有关系，因此孩子早期的嗅觉环境很重要。

我们吃下去的食物，大部分会变成身体的一部分。舌头的不同区域可以感知食物的不同味道，舌根对苦味敏感，舌尖对甜味敏感，舌两侧对咸味和酸味敏感。味觉可以告诉孩子哪些食物对自己有益。从治疗的角度看，酸或咸的食物对耽于幻想的孩子有积极的唤醒作用，甜的食物可以为伤感的孩子带来良好的感觉，苦的食物可以增强不好动的孩子的意志。

人们用视觉来体验明暗和色彩。需要注意的是，对于孩子来说，色彩过于丰富会导致用眼过度，因此大人不适合在墙上贴过多的图画和装饰物，而要留有空白，以便孩子的眼睛得到休息。

温暖感包括两个方面：一是对外界气温的变化的感知，二是对他人态度的冷暖的感知。孩子对他人心灵的回应非常敏感，一个冰冷的回应有可能让孩子缩回到自己的世界中，隔断交流的渠道。

3. 认知感觉：包括听觉、语言感、思想感、体会他人性格的感觉

上述四种感觉主要指向自己和他人的内在体验。

听觉是非常错综复杂的。总体看来，孩子对噪声非常敏感，游戏活动时的背景音乐也容易分散孩子的注意力。家长或教师在各种环境下都

要轻柔地说话，并多利用弹琴、唱歌和讲故事等方式来刺激孩子的听觉。

通过语言感，孩子可以理解单词和句子的构成，发音和结构的意义，以及如何用词句表达内心深处的想法和感觉。语言的声音特质可以传递很多东西，孩子可以在真实的语言环境中体验到语言的奇妙，这是电视里播放出的声音不能替代的。

孩子生活在一个充满成人想法的世界里。他们一定要理解他人的想法，才能在这个世界里更好地生存。思想感让人们超越言语彼此连接，指引人们发现同伴内心的想法和观念，帮助人们理解对方想要通过话语表达的东西。

幼儿能敏感地体会到周围人的性格，因此孩子周围的人一定要非常诚实正直，每个人都是孩子的教师。教师的亲身示范比教师说的任何话都更能教育人。从学校教育的角度看，一名教师的教育水平，就源自这位教师的人生观。为什么我们总是强调教师的师德，原因就在于此。

03 不同学段学生的特点

什么样的学校是好学校？不同的人会有不同的答案。有的人认为，像衡水中学这样的学校就是好学校，也有的人认为十一学校才是好学校的代表。对好学校的定义，取决于人们有关教育的信念；能否在实践中办出好的学校，则取决于人们对不同学段学生特点的把握是否准确。

一、两种教育信念

美国著名作家、研究多元智能的专家托马斯·阿姆斯特朗（Thomas Armstrong）认为，在教育领域，存在着两种不同的教育信念——学业成就信念和人类发展信念。各国的政府、各地的教师、不同的学校采取的各种管理手段和教学策略，都与这两种教育信念直接相关。

1. 学业成就信念

学业成就信念包含着这样一些假设：

在关于学习的诸多要素中，学业是最值得关注的。需要考试的课程内容最为重要，属于主科，不需要考试的课程则属于副科。在学习的过程中，学习知识比亲身实践重要，就如学习与足球相关的词汇远比真正地踢足球来得重要。

分数是评判一个学生是否精通某一学科领域的知识和技能的唯一方式。一个学生在数学课上考了 98 分，就表明他比那些考 95 分的学生学得好。而且每一个学生都要学习相同的课程、参加相同的考试，不管他们的个性特长如何。

教师和家长都认为，今天让孩子学得苦一点，是在为他们的明天做准备，"不吃苦中苦，难为人上人"。

人们习惯于在某一个特定的时刻对不同学生、不同班级、不同学校、不同社区甚至不同国家的教育状况进行比较，但基本上不会拿一个孩子、一所学校前年、去年和今年的表现进行对比评价，看随着时间的推移、教育作用的实施，到底发生了哪些变化。

推动学业成就信念的往往不是来自教学一线的教师，而是那些拥有政治权力的人们。美国的"不让一个孩子掉队"法案，我们的学业考试制度等的建立都是如此。政府部门创造了一种氛围，让大家都感到教育处于危急的状态，必须进行变革。于是一系列监测学业质量的手段出台了，这些监测让一线教师明显感受到了分数和成绩的压力，被迫成为学业成就信念的推手。

……

当我们针对教育的对话都局限在成绩、测试分数和一些以科学为基础的研究的狭隘框架下时，教育中的很大一部分因素就会被忽略，一些问题和矛盾就会凸显出来。比如职业教育得不到强化，边缘课程被忽略；讲授式的教学方法被认为是最方便有效的，与发展学生积极主动的学习态度、生活技能有关，或不会反映在成就测量结果里的其他教学方法不大会获得支持；考试成绩成为测量学生学业质量和衡量学校教育质量的唯一或主要工具，一些抄袭、剽窃等作弊行为在学校里蔓延；学校或为提高成绩不惜在试卷上，或在统计测量上做小动作，通过虚假的成绩来欺骗社会和教育行政部门；学生在校学习缺乏兴趣和动机，没有愉快的感受，有些学生因为压力太大而产生各种症状；不关注学生的个性特点和差异，课堂的控制权不在教师手里，而在那些远离课堂的命题教师手里，考什么教什么的现状，让教师整体围绕着考试打转。

2. 人类发展信念

人类发展信念认为教育的目的是支持、鼓励和协助学生成长为一个完整的人，包含他的认知、情绪、社交、伦理道德、创造性和精神方面的发展。该信念有这样一些假设：

学校教育最重要的追求就是协助学生的发展，让他们成为一个各方面全面发展的人。

关注学生随着时间发展的人生轨迹，关注不同阶段学生的独特需求。学校的课程围绕学生的特定需求而建立，并据此进一步调整整个课程。关注学生能力的培养。

评价学生采取的是自我比较的方式，每个学生都和自己比，以今日之我与昨日之我相比较。评价学生最重要的就是要记录每一位学生一段时间内的真实学习经验，包括学生所说的话、所画的图、所写的文字、体验过的感受、唱过的歌曲、实验过的项目和思考的方向、展现的知识和技能，或是在真实的学习情境下所表现出来的某些有意义的才华。和学业成就信念注重量化资料的积累不同，人类发展信念最重视质性的资料，也就是在有意义的学习情境下，每一个学生的独特作为。

……

只有信奉人类发展信念的学校才是真正的好学校。这种好学校具有如下特征：在课程设置上，考虑学生的需求、兴趣和能力，课程具有弹性，以促进学生个性化的发展；让每位学生理解自己的优势和能力；允许学生掌握自己学习的环境；培养学生学会如何学习的能力，使他们在学习某些项目获得成就感之后，将学习的模式复制到他们不熟悉的项目上，持续发展他们的学习能力；不仅要重视学生的未来，也要关注学生的过去和现在；以快乐作为学生发展的底线。

二、学生的学段特征

人类发展信念的关键就在于它强调的是人，而不是学业。"学业"

是那些以书本、测验、讲述、课程大纲等方式呈现出来的外在的东西，而"人类"则是内在的，我们讨论的就是我们自己。"发展"表示持续进行的过程，是某些随着时间推移持续发生的事情，而"成就"则是一个终极的结果。由此可知，要依循人类发展信念来建设好的学校，就必须将目光聚焦在学生身上，聚焦在他们的发展特征上。

1. 幼儿：最好的教学活动是游戏

学龄前儿童的世界是变动的，在本质上甚至是神话般的。他们在理解周遭的世界时，还不会使用逻辑思维，他们善于用比喻的、幻想的、共同感受的与魔法般的方式来接近这个世界。由于脑神经系统还没有完整地髓鞘化，因此孩子对周围的环境有着特别的需求。家长和幼儿园需要建立一个安全无忧、关注社交和情绪的空间，搭配动手操作的互动环境，来促进孩子健全的脑神经成长。

儿童的游戏是能满足上述发展需求的唯一方式。游戏过程是动态的、不断改变的，其中也包含感官的、互动的、有创意的模式，并且具有丰富的想象空间。当儿童处于游戏的情境里时，他们整个脑部都会受到刺激。

其实，文明在最早的阶段，就存在于游戏中。每一件在文化上有重要贡献的事原先都是从一个游戏发展而来的，而这样的游戏都是由孩提时代所播的种子萌芽而来的。艾萨克·牛顿（Isaac Newton）曾这样说过："我不知道世人怎样看我，但我自认为我不过像一个在海边玩耍的孩童，不时为找到比常见的更光滑的石子或更美丽的贝壳而欣喜，而展现在我面前的是全然未被发现的浩瀚的真理海洋。"①

在台湾，有一所以游戏为教学内容的学前教育机构，名字叫森林幼儿园，位于台湾新店花园新城社区，号称全台湾独一无二的幼儿园，因为老师全是男性。粘峻熊就是其中的一位。有一天，粘峻熊带着孩子到草坪上玩体能游戏，孩子发现很多蚱蜢在草丛里跳来跳去，很感兴趣，

---

① 理查德·韦斯特福尔. 牛顿传［M］. 郭先林，等，译. 北京：中国对外翻译出版公司，1999：335.

都忙着去抓蚱蜢，顾不上理会他了。

粘峻熊看到孩子那么喜欢捉蚱蜢，就给了他们一段时间去捉蚱蜢，同时变换了原先计划好的体能训练项目，新创造了"捉蚱蜢"的游戏，邀请孩子一道玩。第一回合是自己当大蚱蜢，让孩子过来追。第二回合是老师当螳螂，孩子做蚱蜢，当螳螂就要追上蚱蜢时，如蚱蜢喊停，并立定不动，螳螂就不能捉他，要去追其他的蚱蜢。当然，立定不动的蚱蜢要有别的蚱蜢来救，才可以再跑。第三回合是孩子当鸟，来追老师这个大螳螂。第四回合是老师当猎人，来追鸟……孩子乐此不疲，到了回教室的时间都不肯回去。

幼儿的主题学习活动就是游戏。但这里所说的游戏绝不是一个孩子单独坐在电视机或是电脑前，操弄他在游戏里的角色，也不是定期举办的足球比赛或是其他竞赛性质的运动项目，而是由一群孩子集体生成的开放性活动，包含着角色扮演、情景创设等要素。孩子在游戏的过程中自然而然地有了情感流动、友谊建立，孩子之间那种施爱和被爱的需要，很频繁地得到满足，他们彼此滋润，逐渐发展起很亲密的关系。

2. 小学：认识世界如何运作

随着大脑发育的成熟，处于小学阶段的孩子逐渐将孩提时代的神奇世界抛诸脑后，有了新的核心发展焦点，即需要去发现这个世界到底是如何运作的。学校要教导他们认识一些符号系统，如语言文字、数学，因为这是孩子们渴望学会认识这个世界的辅助工具。学校更要为学生搭建"学校世界"和"真实世界"之间的桥梁，让学生完整地融入真实世界。

相关的课程是必要的，但要注意一个问题：每一门课程都是按照单元或者模块所做的结构化安排，学生和真实世界真实相遇后所产生的自发性、灵光乍现的突发奇想和令人惊叹的想法都消逝无踪，取而代之的只是一些合乎情理的复制品。这些课程同时也传递一个强烈的信息给学生，那就是和这个世界互动的最佳方式就是完成一门门课程的学习，做好一门门课程的配套作业。

小学阶段的孩子需要使用他们的想象力、好奇心和满脑子的问号去主动探索这个世界，学校要为他们获得认识这个世界的有意义的学习经验而努力。可以探索用半天时间学习传统课程，另外半天时间在校园里建构一个迷你社会，让学生去实践和感悟。要加强和社区、博物馆等的紧密联系，使更多的学习活动在学校之外进行……只要理解了孩子渴望和真实世界进行互动的愿望，每个小学都会找到联结学校和真实生活的各种方式。

　　在孩子从幼儿园到小学的学习过程中，游戏、玩耍是最重要的事情，也是他们了解、探究世界最为重要的方式。在 2002 年诺贝尔物理学奖得主小柴昌俊（Masatoshi Koshiba）看来，他最难忘的就是小时候在学校后山与同学追逐赛跑、拔农家蔬菜、肆意玩耍的那段时光。童年的快乐生活极大地影响了他的科研事业。达尔文小的时候整天掏蚂蚁窝、捉蝴蝶、摸鱼虾、研究臭虫，就是不愿意学习。他的父亲气急败坏，认为他除了打鸟、养狗、捉老鼠外，有用的事一样都不会干，将来会丢全家的脸。但他的父亲有一点好，没有严厉禁止他做自己喜欢的事情，因此也给这个世界养育了一个伟人。

　　我经常回想自己的童年生活。那时候，学校的学习压力小，每天有大量的时间可以自由支配。小朋友们春天在田野里采摘各种野草野花，夏天用马尾做成的套子去捉知了，秋天眼睛盯着树上各种熟透了的果子，冬天在白皑皑的雪地里追赶野兔……家里的农活也没有少干，大忙的时候还要作为小劳力，在生产队里挣工分。晚上也不会闲着，用各种材料自己制作弹弓、弓箭、火柴枪等玩具，或者几个人挤在一起听大人讲故事……童年的生活对人的一生有着非常重要的影响，因为这样的"放养"，让我身心愉快地完成了义务教育阶段的学习任务。和今天的孩子相比，我当时学到的文化知识应该远远少于他们，但童年阶段培养出的好学，至少是不厌学的好习惯，让我受益至今。

　　我曾看到过这样一个故事：印度有一个名叫布提亚·辛格的小男孩，在 4 岁半时就完成了全程马拉松的比赛，被人们称为神童。5 岁那年，辛格计划用 10 天的时间跑完 500 公里的行程，但就在他准备启程的时候，被警方叫停了。印度政府的理由是：辛格只是一个 5 岁的孩子，而 500 公里的路程，对他的体力和情绪都是一个负担。让一个孩子去尝试不符合他年龄的生活，是一种极大的残忍。国家可以不要神童，但有责任保护一个孩子的生命健康。

因为尊重孩子身心发展的规律，才会有"要孩子，不要神童"的抉择。看看现在媒体推波助澜的各种娱乐活动，有很多年纪很小的孩子也参与其中和成人一道竞技；看看某些幼儿园，竟然在园里给孩子举办集体婚礼，园长和家长都乐此不疲。这些完全违背教育常识的事情一再出现，以至于大家见怪不怪了。不尊重孩子身心发展的规律，对孩子成长的影响是巨大的。意大利教育家洛利斯·马拉古奇（Loris Malaguzzi）说："我们非常留意和尊重儿童的时间，我们真的需要放慢脚步，给予儿童所需要的时间，我们需要等待孩子。"①

3. 初中：青少年前期的青春期经验

从生理的角度看，初中阶段，学生的生殖系统已经发育完成，随时都可以开始动物的本能行为——传宗接代，繁衍生命。但我们的社会不允许这种本能行为的发生，要让这些孩子继续学习。这就导致了生理本能和社会规范之间的矛盾和冲突。青春期所出现的各种症状，大都与此有关。

这个阶段的学生在教育方面的最大需求就是学习如何将那些不断涌现的情绪冲动进行化解，将那些寻找异性伴侣的渴望转化为正常社交关系的建立，学习如何对自身日常生活行为进行反省以及调整自己的身心发展，促进自己心智的成熟。

很多教师认为青春期前期是对他们进行严格要求，以便帮助他们适应高中教育的阶段；或者是考验他们在经历成长所必须经历的崎岖旅程时，是否具备了更多耐心的阶段。其实这两种理解都是有问题

---

① 江文龙. 治校需学"蜗牛"，静待花开 [N]. 教育导报，2021-03-25（3）.

的，在这两者之间还有一个中间地带。作为学校，要为这个阶段的孩子提供在生理和安全方面无忧的氛围，通过性教育课程、艺术表现课程等多种课程支持和帮助学生；教师要随时随地地试着将自己的教学和学生的感情、回忆或个人的交往情况相联结，做孩子的正向楷模，通过身心辅导和真诚沟通，陪伴学生度过整个初中生涯。要鼓励孩子参加小组学习，通过同学之间的经验分享，体悟成长的意义，引导他们反思自己的所作所为，让他们知道在遇到事情时该采用怎样的措施来应对。

4. 高中：为独立生活做准备

处于高中阶段的学生，正在忙碌地建构自我认同，逐渐形成他们的人际关系，对于生命提出比较深层的问题，也正在跟父母、师长和自己的过往脱离关系，变成独立自主的个体。在这个过程中，有两样东西非常重要：一是独立自主的感受，二是真实的世界。在这个阶段，最好的学习环境并不是人工精心设计的教育氛围，而是真实世界中那种模棱两可和错综复杂的环境。

高中学校应该将学校教育的重点集中在协助学生做好在这个真实的世界独立生活的准备工作上。美国纽约州长岛市的飞行高中是一家拥有小型飞机的学校。学生在传统的教室以及专业运作的实习工厂测试、组装和维修飞机的零件，从这些学校毕业的高中生可以从联邦飞行机构获得飞机结构或飞机动力方面的证书；在北爱达荷地区的湖边高中，学生学习如何寻找加拿大野雁等鸟类的栖息地，并在检查这些栖息地之后，为这些鸟类的栖息地做清理工作，还和植物学家、保育专家等讨论相关的问题；在马里兰州，学生在高中毕业前必须为当地社区提供服务，学会清理马厩、接听热线电话、为无家可归的人提供羹汤、为仁爱之家组织修建房屋……

这样的经验可以帮助高中学生更透彻地理解学校教育和获得一个良好的工作机会、了解商业世界的错综复杂程度以及在工作场合要如何表现才能获得成功的经验之间的关系。

三、妥善应对早恋

随着社会开放程度的日益增加，学生早熟现象也日渐普遍。在小学阶段，部分学生就开始有"懵懂的爱"。个别初中学段的女孩子还在花儿般的少年阶段，已经成为孩子的妈妈。面对着这种早恋、早育的现实，很多部门和学校都在想方设法加以预防和阻止，但成效并不理想。究其原因，我觉得主要有：说教式的教育方式让学生难以接受，甚至产生逆反心理；将学生谈恋爱视为"洪水猛兽"，划为一片禁地，不准学生涉足，可越这样他们越感到好奇，非要亲自去体验一下不可；生搬硬拆，非要给他们拆散不可，还给了两个孩子很多过头的评价，结果适得其反……

那么，具体应该怎么做呢？对于不同学段的学生，要做的事情是不一样的。

小学生的早恋，大多是一种游戏或者模仿的态度，自己不知道深浅，只是觉得好玩而为之。学校和老师发现这样的现象后，没有必要紧张和恐慌，可以通过巧妙引导的方式，让孩子看淡这件事情，不要陷入其中。

有一位四年级的女孩子给班级里的一个男孩写了一封信，表达了自己对男孩的爱慕之情，男孩看了之后略有动心。班主任发现了这一情况后，不动声色地在班级里进行了一番引导，说现在大家对异性的喜欢，就像我们吃早餐时的心理一样。吃早餐时，发觉这家的豆腐脑细腻、清香，喝起来感觉不错，后来便经常去。可一次偶然的机会，又发现了另一家的豆腐脑喝着比以前那家的还要滑润，感觉更好，于是又喜欢去另一家了。这个男孩听了之后觉得很有道理，感到自己的想法就是这样的。于是就在这封信的背后写了一句话："宝贝，对不起！"把信还给了这位女孩，也为这段故事画上了一个句号。

初中生的早恋常常与青春期相伴，与生殖系统发育成熟相关。由于这个阶段的孩子正处在叛逆期，因此相关的劝诫工作要非常的慎重。对于高中生的早恋，学校只能因势利导，侧面地提一些建议。孩子年龄越大，教师对于其早恋的处理越要谨慎。

我在担任中学的班主任期间，就遇到了这样一对学生"恋人"。两个人其实对彼此都有一些好感，但并没有点破。女孩的成绩比较好，男孩经常以请教的名义到她跟前问问题、聊天，或者约她到图书馆一道学习。因为两个人经常在一起，引起了大家的关注，也引起了学校领导的注意，并受到了当面批评，还被要求主动找我这个班主任承认错误。他们感到面子上有些过不去了，准备一起出走，女孩还写了一封信放在自己的枕头下面，准备与我谈完话之后就离开学校。没想到到了我的办公室之后，我并没有批评他们，只是对他们说："在这个年龄段，异性之间互相吸引、互相爱慕是人之常情，几乎每个人都有这样的心理，只不过有些人控制得比较好，没有表露出来而已。恋爱是一件很神圣的事情，也是需要双方共同付出努力承担责任的事情，我估计你们现在只是处在双方有很多共同语言，比较谈得来的时期。学校领导关注这件事情，是担心你们年龄还小，担负不起恋爱的责任和使命，会给你们的学习生活带来负面的影响；班级的同学关心你们，是因为大家原本有很好的同学关系，你们俩走得太近了，把其他同学给疏远了。"这样的一番疏导之后，他们主动告诉我已经写了信准备出走的情况，并坦陈了各自的心路历程。之后我又分别和两个人聊了几次，一个可能触发离校出走的矛盾慢慢地给化解了。

面对早恋，学校的主要工作有两个方面：一个是面上的爱情观教育、性教育，另一个是遭遇学生案例时的个别教育。在班主任管理方面深有研究的教育专家王晓春认为，早恋学生的主要问题并非出在性教育欠缺上，而是恋爱观有问题。他主张从小学四年级开始进行恋爱观教育，一直到高中毕业。这是学校必须主动而为的教育，当然不必太过密集，一般每学期有两到三次就可以了。其最大的好处是没有具体对象，学生可以自己在心里对号入座，不必承受压力，没有面子问题。具体到一个个处于早恋中的学生，对他们进行早恋方面的引导教育，则无须主动，最好被动地等他来找你。他有困惑都不想来找你，说明对你不信任，你找他也没用。

面对早恋现象，无论是教师还是家长都要冷处理，注意循循善诱，要分析孩子产生早恋的原因，对症下药地加以引导。更为重要的是，要做好预防工作，在孩子还没有出现这个苗头之前就加以引导，让他们正确对待早恋现象。在预防阶段多投入一点精力，后面的教育就会减少很多麻烦。

无论是前期的预防还是发现早恋之后的引导，有一点非常关键，就是要真正走进学生的心灵，让学生自己提高判断是非、辨别善恶的能力，让学生提高责任感，这需要教育的技巧。

04 学习科学的基本知识

走进 21 世纪，一系列相关的研究对我们深入认识和理解学习产生了巨大的推动作用。功能性磁共振成像技术的突破极大地促进了脑科学和神经科学的蓬勃发展，在此基础上，学习科学异军突起。这一以心理学、脑科学、信息科学等为核心的综合学科，从诞生之初就显示出强大的威力，在揭示学习的秘密、学习的规律等方面取得了一系列令人鼓舞的进展。

学习科学是一门崭新的交叉学科，发端于美国国家科学基金会于 2003 年成立的学习科学中心所开展的大规模跨学科研究。学习科学从一开始就致力于建立基础研究、应用研究、政策研究之间的联系，在实践中探讨促进学习改进的策略。

一、学习科学研究的特点

学习本身就是由一个非常复杂的系统所支持的活动。这个复杂的系统至少由如下四个方面的子系统所组成。一是学习者自身的生理系统和认知系统。学习从本质上说就是大脑的神经元之间建立连接的过程，对大脑的研究越是深入，我们对学习的认识，对人的心灵的理解就会越发深刻。二是学习者所处的周边环境，包括家庭、社会以及人际沟通等。家庭在养育孩子方面所做的一切努力，社会文化对孩子成长润物无声的滋养，人际关系给孩子带来的各种体验和情绪等，都会对孩子的学习产生至关重要的影响。三是学校教育所创设的独特的文化场域，包括学校的治理文化、关系文化、课堂文化、学习文化等，都在无形之中改变着学生学习的路径和策略。四是人工智能、虚拟技术的飞速发展给人的学习带来的深刻影响。这样的影响往往体现在两个方面：一方面，数字技术的快速发展为学习创造了前所未有的场景和资源，这本身会影响学习的进程、策略甚至方向；另一方面，数字技术和教育教学的深度融合，使得我们可以把握很多过去无法测量的学生思维细节，洞悉个体学习的奥秘，由此给予学生更加富有针对性的指导，让因材施教成为可能，让高质量的教育成为可能。

和学习有关联的子系统不止上述所罗列的这些，并且这些系统不是相互独立、独自发挥作用，而是互相依存、互相制约，共同促进孩子的身心发展。过去很多教育教学方面的研究，往往仅聚焦其中的某个子系统，期望采取庖丁解牛的方式逐一分析。但事实证明复杂系统的任何一点扰动，都会对整个系统带来巨大的影响，就像南美洲亚马孙热带雨林中的一只蝴蝶偶尔扇动几下翅膀，就可能在两周以后引起美国得克萨斯州的一场龙卷风那样。

学习科学虽然是一门新兴的学科，但从诞生之日起，就采取了与以往教育研究不同的研究方法，即在充分认识人的学习过程的复杂性、动态性特征的基础之上，采用综合交叉的研究思路，整合认知心理学、社会科学和行为科学，以及神经科学、脑科学、计算机科学甚至工程学等的研究成果，努力探究学习者从输入到输出之间的"黑盒子"，多方位探讨学习的秘密。学习科学有一个庞大的目标，就是将不同领域的专家整合在一起，采取跨学科、跨文化、贯通各领域的研究以及更加紧密的合作，探寻人类学习的奥秘和意义。

二、学习科学的初步成果

作为一门新兴的科学，学习科学的基本框架、理论体系等还在持续建构和完善之中，不过已经呈现了不少研究成果，给教育工作者打开了认识学习的一扇大门。

初步的研究成果聚焦如下两个方面：

一是环境和文化对学习者的影响。

和过去相比，学习者周边环境的不断变化已成为一种常态，学习者需要通过与周边环境的互动来适应环境，他们自身也在发生着一系列的变化，这些变化的本身就是学习的一部分。因此，研究周边环境给学习者的学习带来的影响，成了学习科学研究的重点之一。在这方面，学习科学有两方面的重大发现。

在生命早期，给孩子营造的语言学习、数字理解和空间学习的环境和氛围，对孩子后期的发展有着至关重要的影响。孩子天生就具有多语言学习的程序基础，如果在幼儿阶段能给孩子提供充足、质量优良的语言体验，甚至多语言环境的体验，那么5岁的孩子就能习得高级的早期语言技能，并且打下良好的阅读基础。在幼儿时期，对数字的基本理解和掌握，是孩子在未来的学校里、职场中取得成功的关键，但很多家长没有意识到这一点。利用拼图游戏、建筑玩具、迷宫破解、创意折纸等孩子喜闻乐见的动手游戏，发展孩子的空间技能，也是早期教育中必须特别关注的。孩子进入学校之后在科学技术领域是否能得到较好的发展，与他们前期的这些知识储备是有直接关联的。在这一过程中，孩子还可以培养广泛的认知、社交和沟通技能。

社会认同和社会情感互动对学习有着重要的意义。为什么在著名的科学家群体中，女性科学家比较少见？一个很重要的原因就是在早期的学习阶段，我们的文化环境、成人的观念中就有"女生学不好数学"的看法。当女孩子一遍遍地听到这样的说法或暗示之后，自己慢慢地就会产生社会认同，认为自己学不好数学。学校里的学生来自社会的不同领域和阶层，人们对各个阶层已经形成了一种"成见"，这样的成见同样会对部分学生带来影响，导致他们在学习中的恶性循环。父母和教师对孩子的期待，对孩子后续的发展也有积极的作用；如果父母和教师总是觉得孩子表现不够好，产生很多负面、焦虑的情绪，孩子的发展就会受到诸多限制。

二是技术为改善学习提供的新途径。

科学技术特别是数字技术与教育的融合发展，带来了一系列教育发展的新趋势、新变化，如果我们能充分利用好这些，结合人类学习的基本原理，就可以创新教育教学方法和手段，让学习更加富有成效。

数字技术在为学生提供更加丰富的学习资源的同时，也极大地拓展了人与资源互动的方式，引导学习的变革。通过虚拟现实等技术，很多原本难以企及的资源，可以免费、便捷地展现在师生面前，为学生创设身临其境的学习时空。一些在书本上难以呈现的现象、图景和过程，通过数字技术，可以精细地展现在学生面前，学生可以通过调整其变化的速度等作深入细致的研究。很多学习资源可以家校共享，家长也能了解孩子在学校里学习、使用了哪些学习资源，研究了什么样的学习主题，在孩子需要家长帮助的时候，能有的放矢。

数字技术努力揭示社会关系在学习中的作用。我们都知道师生关系、亲子关系在孩子成长过程中的重要价值和意义。随着数字技术的飞速发展，一些新兴的教育智能机器将逐渐涌现，比如智能导师、虚拟机器人等，当它们"替代"现实中的家长和教师来承担与学生互动交流、指导学生学习的角色时，社会关系将会发生怎样的改变，有益的方面有哪些，不利的方面有哪些，这些都是学习科学关注的研究主题。

数字技术着力探索智能设备在规模化教学中的实践和运用。一对一的教学可能是很多人设想的数字技术促进学习的有效路径，但很多人集聚在一起学习相同的知识和内容，即便是在线学习，大规模的课堂教学如何做到因材施教，学习科学在这方面作了不少有趣的探索，也有不少案例呈现。总的看来，很多案例是基于现有的数字技术，结合当前的教育现状开展的前瞻性探索，由于技术的发展日新月异，这样的研究也呈现出一种迭代式的、不断加速的进程。说不定在不远的将来，就会有类似 chatGPT 之类的大规模教育教学产品出现。

三、七条重要的学习策略

人类学习的过程，就是大脑中的神经元建立新的连接的过程，大脑所拥有的通过学习改变其神经连接的能力，称之为神经可塑性。为了学习和促进学习，就必须改变大脑及其神经连接。最先提出用模型来说明大脑中的神经连接是如何发生变化的科学家是唐纳德·赫布（Donald Hebb），他也是最早一批认为神经元之间相互连接的方式决定了思维和行为方式的学者之一。赫布关于学习如何影响大脑神经连接的研究开创了神经可塑性研究的先河。

史蒂夫·马森（Steve Masson）是一位神经教育学家、加拿大学习科学研究的领军者，拥有多年的中小学一线教学经验。他在《激活你的学习脑》一书中，巧妙地将自己几十年神经科学研究的成果总结为如下七个可操作的、具体的、简单易会的学习策略。这些学习策略的核心理念都建立在神经可塑性的基础之上。

策略之一：激活与学习相关的神经元

赫布模型的核心理念在于，同时被激活的神经元会连接在一起。同时被激活的神经元会相互连接，从而进一步被共同激活，彼此之间的联系进一步得到强化。因此，激活神经元是建立新连接的核心，也是学习能取得成效的关键。

教师在组织教学时，给学生创设特定的情境，让学生在学习新知识的同时激活先前的旧知识，促使新旧知识之间建立联系的过程，从脑科学的视角看，就是激活与学习相关的神经元，并促使被激活的新知识、旧知识之间建立连接。两个或多个神经网络之间的连接越多，则一个神经网络的激活就越有可能引发另一个神经网络的激活。

需要注意的是，如果创设的情境比较复杂，学生很有可能会被这个情境之中那些旁枝末节、与学习目标没有太大关联的信息所诱导，从而激发很多与学习目标无关的神经元。被激发的这种类型的神经元越多，它们之间建立的连接越多，越会让学习偏离既定的目标，甚至还会导致学生在知识理解上的错误。举例来说，初学新的知识时，学习环境就不适宜频繁改变，因为环境本身就是一种学习资源，也在不停地激活学习者的神经元。

怎样才能保证在学习中激活与学习内容相关的神经元呢？具体的策略是：学习要主动，尽量避免被动听讲；尽量避开会让自己分心的干扰源，如社交媒体、电子设备、过度装饰或嘈杂的环境以及多任务处理等，使得学习目标更加聚焦，确保激活的是有助于特定学习目标的神经元；在学习的过程中保持专注，避免引发不恰当的想法、概念或策略，以保证任务的执行。

策略之二：反复激活神经元

神经回路的连接具有"用进废退"的特点，如果经常激活相关的神经元，它们之间的连接回路就会得到强化，相关知识就会通过这些复杂的回路记忆在脑海之中；反之，如果一段时间不再激活，大脑就会将相关神经元之间的连接回路剪切掉，以便将宝贵的资源用于其他知识的学习。

不妨以"森林"比喻大脑，阐释新知识的学习和大脑之间的互动关系。人学习新知识的过程，就像是进入一片植被茂盛的森林，为了顺利前行，学习者需要多管齐下，蹚平草丛，踩倒灌木，劈开或绕开挡路的树枝……学习者一次次地从这里走过，从而形成了一条越来越平坦的小径。慢慢地，这条小径就变成了从一个地点到另一个地点的最佳路径。

一段时间之后，如果学习者不再沿着创建的路径行走，草、灌木和树就会慢慢地重新占据它们原来的位置。久而久之，小径将变得不可辨认，从一个地点到另一个地点的路径也将再次变得困难。学习也是如此，如果我们停止激活已经建立起来的神经网络，神经连接的强度就会降低。神经元慢慢地不能自动地被同时激活，神经网络将逐渐弱化、消失。当神经连接减弱和消失后，我们就会遗忘。

反复激活神经元的关键不在于重复，而在于激活和再次激活与学习目标相关的神经元。为此需要运用四个策略。一是合理规划时间，多次激活相关的神经元。不同类型的知识，多长时间进行重复激活是有差异的，不可能给出一个统一的答案。二是避免针对同一主题进行过长时间的训练。当学生已经初步理解所学并会简单应用时，就该让他们暂停下来，过段时间之后再重复。三是即便达到了课堂教学的目标，仍然需要在课后继续重复，进行强化训练。四是注意不要激活那些与学习目标无关的神经元，特别是可能导致学生犯错的神经元。

策略之三：进行提取练习

一些知识经过反复强化之后，会由短时记忆转化为长时记忆，储存在我们的脑海中以便需要的时候提取使用。需要注意的是，长时记忆的内容并不是一直呈现在脑海之中，等着我们去随意取用的。它们潜藏在我们的记忆深处，需要从记忆中提取出来，才能使其进入意识层面并为我们所用。

学习者在学习新知识时，总希望尽可能多地与已经习得的知识建立多元化的联系，以便更好地理解新知识，并将其安放在自己知识体系中的恰当位置。由此可知，学习的过程离不开把长时记忆中的知识重新提取出来，激活相关的神经元，让其和被新知识激活的神经元建立连接。

运用记忆提取原则最有效的策略之一就是经常进行测试，因为测试需要通过提取记忆来回答问题。不过这一原则可能和当下教育领域的一些观念不相吻合。比如，测试在学习中的有效性已经为学界所公认，却是最不为教师所知的教育学知识之一，只有37%的教师相信测试对于激活与学习相关的关键脑区的重要性。教育工作者需要转变这个思维定式。测试和考试必须被看作学习过程的一个组成部分，而不仅仅是验证学习成效的工具。

一项研究表明，只有10%的学生表示会通过记忆提取和向自己提问的方式来学习，只有略多于1%的学生表示这是他们最常用的学习策略。而84%的学生表示会将重读课程笔记或教科书作为一种学习策略，55%的学生甚至表示复习笔记是他们最常用的学习策略，然而这是效率最低的学习策略之一。这些数据告诉我们，教育工作者在记忆提取方面的研究和实践还有很大的空间。这项工作其实并不困难，关键是是否有这样的意识。举例来说，孩子晚上睡觉前，很多家长会直接要求孩子洗漱、刷牙或收拾衣服，如果换一种方式，问孩子需要在晚上的例行活动中做些什么，孩子就会在记忆中提取这些事项以及它们的顺序。经常做这样的提取练习将强化孩子对睡前活动的认识。

除了测试这一策略之外，以下几个策略也有助于开展提取练习：经常向孩子提问并要求他们回答问题，因为每次回答问题都必须在记忆中提取相应的内容来组织答案；留出充裕的记忆提取时间，不要中断信息提取的过程；当记忆提取不成功时，不要急着给出答案，可以通过复述学习者刚刚说过的话或向他们提问来引导他们进行思考。

策略之四：解释说明

理解一件事的最好方式，就是去给别人讲一讲。解释需要同步激活一系列相关神经网络。由于这些神经网络是同时被激活的，它们之间的联系将更加紧密，这也增加了它们被再次激活的概率。

解释说明之所以对学习非常重要，是因为解释的过程能激活与学习相关的神经元，并在现有神经网络和与学习新知识相关的神经网络之间建立联系；解释说明会更大程度地激活与建立知识联系相关的关键大脑区域；解释说明能获得更好的学习效果，且在多种学习环境中均是如此。

解释说明是一种特殊的记忆提取方式。要对一种现象进行解释或者对一种方法进行说明，需要在记忆中提取已有的知识，并激活与之相关的神经元。因此，解释有助于巩固神经连接和学习。从这个意义上看，解释说明是神经元激活（策略之一）和提取练习（策略之三）的一种实践方式。

需要说明的是，解释说明所激活的并不仅仅是与学习目标相关的神经元。事实上，解释需要在概念之间，在现有知识和新知识之间建立联系，也就是需要在不同的神经网络之间建立联系。因此，解释就是在同步激活一系列相关神经网络。由于这些神经网络是同时被激活的，它们之间的联系将更加紧密，这也增加了它们被再次激活的概率。通过在知识之间建立联系来进行解释，会极大地促进记忆的编码并有助于未来的信息提取，这一过程反过来又促进了理解。

有两种策略可以有效地发挥解释说明原则的作用：一是通过提问引导学习者对"为什么"和"怎么办"进行解释；二是自我解释，即向自己解释如何解决问题。除此之外，还有两种策略更多地立足于最大限度地发挥提问和自我解释的效用：一是拓展与要解释的概念相关的现有知识；二是及时给予反馈，避免出现错误的解释。

策略之五：间隔神经元激活时间

学习的过程面临着这样一个悖论：一方面，必须反复激活与学习相关的神经元，才能让神经连接得到巩固和强化；另一方面，随着反复激活次数的增加，重复性的工作会导致大脑皮层的参与度降低，从而阻止神经元被反复激活。怎样才能避免这样的境况出现呢？

间隔原则为这一悖论提供了解决方案，它既能保证神经元被大量地激活，同时可以避免这些激活在时间上过于集中而导致大脑活动减少的问题。这一策略实际上是对策略之二的进一步扩展。策略之二说明了重复激活的重要性，间隔原则提醒我们，如何重复也是一门学问。这涉及对每次学习的时长、相邻的间隔时间多长等具体情况的考量。研究人员得出的结论是，最佳间隔时间并不是绝对的，它取决于学习者希望大脑保持信息的时间是多久。一般来说，越想长久地记住一个信息，所需要的间隔时间也就越长。

相关研究表明：如果我们想在最后一次激活的 7 天后仍能记住相关信息，能最大限度地给出正确答案的最佳间隔时间是 3 天。如果期望的信息保持期为 35 天、70 天或 350 天，则最佳间隔时间分别为 8 天、12 天和 23 天。

实现神经元的间隔激活，有很多策略。比如，分散安排学习时间，6 节分布在不同时间段内的 1 小时的课程安排就比 2 节 3 小时的课程安排更合理；逐渐增加间隔时间，新知识学习的初期，间隔时间短一些，随着对这一知识的理解越来越深入，间隔重复的时间就可以适当变长些；摒弃认为集中学习更有效的直觉，倡导交叉学习。不同学科、不同领域知识的交叉学习，可以激活更多的神经元，并让它们之间建立多元化的连接，这比聚焦在一个主题上效果更好。

策略之六：最大化反馈

人们普遍喜欢玩游戏，其中一个重要的原因就是游戏能给予人们及时的反馈，通过激活纠错和奖励机制而形成的负面反馈和正面反馈，可以帮助大脑逐渐调整其神经连接以更好地适应游戏的要求。

学习也是如此，反馈是重要的学习工具，它至少具有如下四个方面的作用：一是刺激大脑纠错机制的激活，由此帮助大脑改变神经连接，纠正错误并更有效地采取行动；二是可以刺激大脑强化机制的激活，增加大脑中多巴胺的含量，这有助于加强那些有效且有用的神经连接；三是能更全面地提高大脑的预测能力，最大限度地利用能量消耗；四是除了降低重复错误的风险外，在合适的时间进行反馈可以对学习产生重大的影响。如果没有反馈机制（无论是来自他人还是来自我们自己的观察）进行信息反馈，大脑将变成一个封闭的系统，难以发展。

很多教育工作者都非常注重学生学习兴趣的培养以及动力机制的激活，认为动力和兴趣是学习的先决条件。但真实的情况并非如此，让学生时刻感受到成功的喜悦对学习来说更加重要。成功并获得积极反馈有助于提高大脑中多巴胺的水平，并带来愉悦和满足感。这种正面的情绪是一种强大的力量，会鼓励我们将自己置于相同的环境中，采取同样的行动，从而获得相同的成功。很多时候，并不是因为有学习动力而带来了好的结果，而是因为好的结果激发了学习的强大动力。

要让反馈产生最大的效益，有四个策略很重要。一是寻求尽可能多的反馈。二是实现正面反馈和负面反馈之间的平衡。正面反馈可以强化现有的连接并让学习者产生愉悦感、动力和兴趣，但它不能改变大脑连接从而对其进行优化。同样地，负面反馈可以触发纠错机制并改善大脑连接，但它也会降低学习的动力和兴趣，甚至会使一些学习者彻底气馁。对孩子来说，我们可以更倾向于对他们进行正面反馈，同时也不能忽略负面反馈，因为负面反馈对学习仍然具有重要作用。三是优先选择即时反馈，即在错误率较高的情境中优先选择即时反馈（如在学习过程开始时），而在错误率较低的情境中使用延时反馈。四是优先选择解释性的、任务导向性的反馈。

策略之七：培养成长型思维

研究表明，人们对自己的学习能力和自我提升能力的思维倾向会对动力产生重大影响。具有成长型思维的人相信他们可以学习并提高自己的能力。因此，他们在学习中往往更有动力，因为他们预测学习和自我提升所需的努力和精力将能切实让他们实现学习、自我提升并达成他们的目标。

具有成长型思维的人比具有固定型思维的人对自己所犯的错误更加关注，并会更加主动地启动错误分析程序。告诉学生大脑是如何学习的，让学生明白大脑具有神经可塑性，通过学习可以改变神经连接从而提高技能，有助于增强他们对学习和自我提升的信心，也能对他们的思维倾向带来显著的积极影响。

具有固定型思维的教师更倾向于安慰学生，对他们说"别担心，不是每个人都擅长学数学"。这种类型的反馈显然会对学生的动力和思维倾向产生负面影响，甚至鼓励学生将他们的失败视为缺乏天赋或智力不足的证明。

要发展学生的成长型思维，需要在以下四个方面做出努力：一是让大家理解神经可塑性的概念；二是让大家理解神经连接是可以改变的，这正是学习的生理基础；三是让大家明白，一个人身上同时具备成长型思维模式和固定型思维模式，两者在不同的领域中各有价值，不能全盘否定固定型思维模式；四是恰当的反馈对成长型思维模式的培养非常关键。正如卡罗尔·德韦克（Carol Dweck）所指出的，将成功与努力联系起来会促进成长型思维的看法，可能是对思维倾向发展最常见的一种误解。她赞成将成功与一些我们可以控制的因素联系在一起，但努力只是其中之一。

了解大脑的运行机制，有助于我们更好地认识学习，更好地运用相关的学习策略促进学习。

05 教学规律

规律是事物之间内在的必然联系。教学规律就是在教学过程中体现出来的具有普遍性、客观性和必然性的关系。

一、教学过程的四大规律

1. 简捷律

强调教学过程需要把握直接经验与间接经验之间的关系。

学生获得知识有两种主要途径：一是通过亲身实践来获得，由这种途径获得的经验称之为直接经验；二是从书本、课堂和他人那里来学习，这样获得的经验称之为间接经验。这两种学习方式都是需要的，它们相辅相成，不断丰富着学生对世界的认知。

考虑到知识内容的无限性和学习时间的有限性、直接经验学习比较耗费时间、很多时候没有必要再将过去人类所犯的各种错误重新温习一遍等多种因素，在教学过程中，学生的学习以间接经验为主，以便他们用较少的时间把人类积累起来的基础知识接受过来，为他们在新的起点上继续认识和改造世界、攀登科学文化的新高峰奠定基础。

当然，这并不意味着直接经验的学习就不重要。在学科教学中，我们倡导研究性学习，什么样的问题适合研究呢？就是那些学生没有直接经验或者学习体验的问题。从某种意义上说，研究性学习活动就是为学生直接经验的学习所搭建的一个平台。对那些原本有直接经验或者前期已经学习过的问题，完全没有必要再去做一次"虚假"的探究。只要教师设置相关的情境，让学生唤起脑海中已有的记忆，在此基础上开展间接经验的学习就可以了。

2. 发展律

强调教学过程中要把握掌握知识与发展智力之间的关系。

教学过程既是向学生传递文化知识的过程，更是发展学生智力的过程。学生所拥有的各类知识越是丰富，智力发展的基础就越坚实；反过来，学生智力的发展又会促进文化知识的学习，这也是一个相辅相成的关系。

现在最常见的学习形态是让学生整天坐在教室里听课或者趴在书桌旁写作业，把学生分分秒秒的时间都利用起来，以为这样就可以让学生学得更多，学生智力的发展也会更好。这其实是一种误解。

就拿阅读来说，脑科学的研究表明，人的大脑中还没有发现哪一个部位是专门负责阅读的区域。当学生开始阅读时，视觉信息传递到大脑中，会激活与所阅读的内容相关的感觉和动作相对应的大脑区域。如果阅读的文本中有关于踢脚、动手等内容，大脑中负责此类运动的区域就会被同步激活。因此，语文教师在课堂上让学生进行情景表演就是一个很好的方式。在表演的过程中，学生会把他所学习的内容和周围的世界联系起来，通过丰富的感觉体验和运动体验来理解所学的知识。科学课程中的各种实验，也都能起到类似的作用。学生对数学概念的理解其实也是建立在丰富的动作体验的基础之上的。我们每天都用自己的身体来操纵一些物品，在这个物品上叠加另一个物品，或者将一个物品加入另一个物品之中，在这个过程中，孩子慢慢就体悟了"加"的意义。幼儿园和小学的很多游戏设计，其实不仅仅是为了逗孩子开心，这本身就包含了运用身体动作来促进学生心智发育、为他的概念学习奠定基础的作用。

人的身体状态和动作在促进人的心智成长方面发挥着重要的基础性

作用。要发展学生的智力，在教学中就必须创设多元化的情境，让学生的各种感官一起动起来，激发大脑的相应运动区域，促进与之相关的大脑神经回路的形成和巩固。大脑神经回路建构得越是复杂和多元，人的智力发展也会越好。

3. 育人律

强调教学过程中要把握好传授知识与立德树人之间的关系。

教学的根本任务是立德树人。教师正是通过学科知识这一载体来落实立德树人这一根本任务的。中国学生发展的核心素养确定了学生发展的六大目标，即责任担当、实践创新、科学精神、人文底蕴、学会学习、健康生活。教师在教学过程中，要自觉地把这些素养的培育和学科知识的学习有机地结合起来，既要注重挖掘学科知识中的思想因素，克服只教书不育人的倾向，又要防止搞形式主义，穿靴戴帽。

上海初二物理教材配套练习上有一道习题，说有一个盗车贼偷走了一辆汽车，警察接到报警后开车去追赶。在这个情景下，习题给出了两张图片，左边的图片警车和被盗车距离较大，右边的图片两车之间的距离变小，让学生通过观察被盗车和警车在不同时刻的位置关系，判断警车能否追上盗车贼。

我在某校听课，老师和学生讨论该习题时，首先引导学生看左边的图片，观察两车之间的位置关系，然后再看右边的图片，通过对比得出结论：警车能够追上盗车贼。

本来到此就可以结束了，但教师或许是因为题目太过简单，觉得意犹未尽，接着又抛出了一个问题："如果我们从右向左看，警车还能追上盗车贼吗？"根据运动的可逆性，反过来看的时候，两车之间的距离显然是在增大，当然就追不上了。

这道小小的练习题其实隐含着对多元教学目标的检测。从物理知识的角度看，孩子能回答这个问题，说明他们对机械运动、相对运动等知识有了比较清晰的认识；从情感态度价值观的角度看，这个问题本身还蕴含着正义一定战胜邪恶的价值判断。教师这样倒过来一问，无形之中就将情感态度价值观的教学目标搞混了。如果教师平时上课不关心这些价值判断，怎能让学生形成正确的人生观、价值观和世界观？

每一个知识的背后，都有价值因素蕴含其中；教师开口说的话，大多包含着价值判断。教师在走进教室的时候，不可能将自己的价值观放在门外，只给学生传递知识。教师的一言一行，对学生的影响很大。从这个意义上说，教师确实需要不断修炼，提升专业素养和育人的本领，真正做到为学生的终身发展奠基。

4. 双主律

强调教学过程中要把握教师的主导作用与学生的主体作用相统一的关系。

教师在教学中起主导作用，因为教师自己接受过专业的训练，是有计划、有目的的教育实施方，代表社会向学生提出学习的要求。在教学活动中，教师负责指引学生学习的方向，调动学生的学习积极性，选择适当的教学方法，做好教学活动的组织安排。

学生是教学活动中的主体，因为学生是学习的主人。教师设计的教学活动再精妙，如果不能调动学生学习的兴趣和积极性，也是没有意义的。只有充分发挥学生的主观能动性，才能促进教学活动的顺利开展。学生的积极性、主动性和创造性是教育教学成功的一个必要条件。教师的职责就在于调动学生的积极性，使外因通过内因起作用。

在教学过程中，教师的主导作用与学生的主体作用是辩证统一的。既要重视教师的主导作用，通过教师的组织、调节、指导，促进学生的发展，又要充分发挥学生的主体作用，调动他们学习的积极性，使学生适应教师的教学。教师一方面要敢于主导，充分发挥自身的优势和特长，让学生沉浸在学习之中，又要善于主导，通过发扬民主、与学生交朋友等多种途径，了解学生的实际需求和内心感受，在此基础上激发学生的好奇心和求知欲，帮助学生逐渐实现真正的自主学习。

构建和谐的师生关系，是落实教师的主导作用与学生的主体作用相统一这一教学规律，提升教学效益的重要法宝。

二、与教学设计相关的理论

上述四大规律体现了人们对学习的整体看法。在教育教学实践中，还有一些比较具体的学习理论，也是教师在确定教学目标、设计教学流程以及组织教学的过程中需要特别关注的。

目标是教学的主宰。它既是教学的起点，也是教学过程实施的依据，更是检查教学是否达到预期效果的标准。本杰明·布鲁姆（Benjamin Bloom）把学习分成三个主要的领域，分别是认知领域、情感领域、动作技能领域。在布鲁姆看来，几乎每节课都在某种程度上包含了上述三个领域的学习活动，只不过教学内容不同，占主导地位的学习活动可能会有所不同。发展学生对学科的理解，也就是知识或认知领域的学习活动，是一堂课最重要的方面，但也需要以某种方式，比如使用某种设备或实际运用某种理论将新知识或新理解融入实践（动作技能领域）。在使用设备或者运用方案来达成特定结果时，可能还需要保持健康与安全的心理状态，以强调培养相关态度（情感领域）的重要性。布鲁姆针对三个学习领域目标的分类，为我们确立学科教学目标提供了指导。

与目标相关的还有一个重要的理论，即加里·莱瑟姆（Gary Latham）和埃德温·洛克（Edwin Locke）提出的目标设定理论。该理论认为，设定具体、可测量的目标，会对动机产生积极的影响，因为它提出的挑战可以提高绩效。这一研究的一个重要发现是，想让目标有效，它就必须具有挑战性，而且与"全力以赴"这类鼓励相比，我们更可能受到具体目标的激励。对学生来说，假如有足够的能力和达成目标的决心，那么目标实现的难度越大，绩效就会越高。其原因在于，学生通常会根据任务的复杂程度来调整努力程度，因此会为实现难度大的目标付出更多的努力。

大卫·库伯（David Kolb）的学习周期理论，可能是在规划教学方面最著名、运用最为广泛的模型之一。库伯建议：首先，学生需要以某种经验作为学习的基础（具体经验），如看视频或听老师讲；其次，学生要思考这些经验（反思性观察），并找出从中学到的内容（抽象概念化）；最后，亲自尝试（主动实验），很可能需要在不同的环境中进行。很多教师的教学设计是否都有这样的意味？以库伯的模型为基础，霍尼（Honey）和芒福德（Mumford）采用了更为科学的方法，识别出四种可能的学习类别：一些学生是务实的学习者——只学必需的内容，一些学生是反思者——需要考虑主题，一些是积极分子——碰到什么就跃跃欲试（很可能忽视或等不及指令），还有一些是理论家——更喜欢分析主题后再行动。这类似于对学生学习风格的分类，有了这样的分类基础，加强教学流程设计的针对性、给学生提供适切的指导就有了可能。

维果茨基认为，有三个关键因素直接影响着学习的质量，分别是最近发展区、更有见识的他者、社会互动。最近发展区指的是学生的现有学习水平与潜在学习水平之间的区域，也是有效学习发生的区域。当学生现有的身体、心理（态度）、技能或知识不足以支撑其进入下一个阶段的学习时，最近发展区就会出现。这个时候，比学生更加富有学识的人（比如教师）的作用就凸显出来了。他们因为对主题的理解更深入，或者理解方式别具一格，因此可以成为学生的诤友，以挑战和拓展他们现有的图式，帮助他们建构新知识的意义，形成新的知识组块。我们都知道，建筑施工时，经常会搭建脚手架，脚手架限定和塑造了建筑物本身的形状，同时为工人提供了可以安全施工的空间。在教育中，脚手架源于更有见识的他者和学生的建构性互动，目的是帮助学生实现特定的结果。它虽然暂时限定了学生的知识范围，却能使他们将注意力集中在主题上，并为他们着手建构或发展图式提供了一个安全的框架。

丹尼尔·戈尔曼（Daniel Goleman）则在学习中加入了情绪智力的内容。他强调学习不仅仅是有关知识的记忆，更需要关注学生对学习的情感反应。情绪智力很可能比他们获得新知识和新技能的天赋更重要。戈尔曼认为情绪智力由五个相互联系的要素组成：自我意识、自我调节、内在动机、同理心和社交技能。他认为，通过理解（自我意识）、控制自己的情绪（自我调节），以及对他人做出恰当的反应（同理心），个体能更成功地管理人际关系（社交技能），最终实现他们的个人目标和社会目标（内在动机）。

三、学习环境的价值

教师常有这样的感受，虽然自己的教学设计非常精到，教学策略的运用也很恰当，但教学效果却往往不尽如人意。这是因为学习的社会因素和情感因素都会影响学习者在课堂上的表现，心理和互动方面的问题可能会扭曲学习者记忆所学内容的方式。

我在多年前就提出"关系第一，知识第二"的主张，强调良好的课堂教学的核心在于营造和谐的师生关系、生生关系和温馨的课堂环境，将相关内容讲清晰讲透彻仅仅是教师教学工作的组成部分之一，教师还需要花更多的时间和精力创建积极的课堂环境，培养良好的课堂风气。所谓课堂风气，指的就是师生彼此的互动和行为方式。

爱和归属感很重要，因为我们渴望与他人建立联系。一个令人感到安全而满意的课堂环境能满足学生的这种需求，教师为此要做出多样化的努力。比如要让学生意识到他们有责任对自己在课堂上的行为做出选择，比如邀请学生参与到学习中来。邀请学生参与学习是教师工作的一部分，它建立在三个相互关联的因素之上：一是民主的课堂风气，二是感知的传统，三是自我概念理论。在实操层面，我们需要将这三个因素转化为创设以关心、信任、尊重和乐观为核心价值观的环境。教师要让学生明白，教室是一个情感安全的环境，他们在这里表达意见或讨论主题时可以冒险。但也应该明确，他们的观点可能会受到其他同学的挑战。

让学生积极参与到学习中来的前提，是在教学实践中着力激发学生的学习动机。维克托·弗鲁姆（Victor Vroom）的期望理论提出了影响动机的三个主要因素：期望值、工具性、效价。该理论认为，一个人的积极性在多大程度上能被调动，取决于他对付出一定努力将达成满意绩效的信念（期望值）、该绩效所能获得的奖励（工具性）以及奖励对满足个人需要的价值（效价）。只有这三个因素同时作用，动机才能产生。

大家熟知的另一个有关动机的模型是亚伯拉罕·马斯洛（Abraham Maslow）的需求层次理论。马斯洛提出了自我实现的概念，认为它是一种与生俱来的驱动力，让人们成为理想中的自己："渴望越来越成为自己所希望的人，成就自己所能成就的一切。"[①] 问题是，有多少人能真正了解自己呢？研究者发现，人们往往将自我实现的需求与寻求生活中的地位联系起来，而且这种需求会随着人生阶段的变化而变化，是可以预测的。这样一来，在每个人的不同人生阶段，发挥显著作用的动力就各不相同。西尔维娅（Silvia）则认为，好奇心提供了有效学习所需的内部动机：兴趣激励人们为了自己而学习，确保人们掌握广泛的知识、技能和经验。培养好奇心，就是培养一个有用的习惯。

除了动机之外，同伴互助、合作学习也是课堂环境建设的重点。同伴互助有多种形态，榜样也是其中的一种。阿尔伯特·班杜拉（Albert Bandura）用"社会模仿"这一术语来描述我们是如何从生活中的特定榜样身上学习的。根据这一理论，我们很容易发现，学习者在课堂上是如何模仿同伴、教师，或复制他们在其他课堂环境中看到的行为的。教师的职责之一是为学习者树立榜样，因此教师要意识到自己对学生课堂行为的影响。这既包括强化亲社会行为，如尊重他人、倾听不同的观点、轮流发表意见等；也包括尽量减少可能被认为是反社会的行为，如谈论他人、打断别人说话、骂人等。

合作学习的前提是一件事情一个人做不了，或者在有限的时间内一个人难以完成。合作学习的基础是学生对知识的探索和应用，而非教师的讲解。合作学习的价值体现在当团队一起朝着共同目标努力时，所产

---

① 卡萝尔·汤普森，莉迪娅·斯彭斯利. 学习理论的日常教学应用 [M]. 郭晓娜，译. 上海：上海教育出版社，2022：73.

生的能量是可以感知的，并可以创造一种认知、情感和行为上的联系，使团队成员能够成功地分享思想和感受。弗兰德（Friend）和库克（Cook）认为，有效合作需要六个条件：一是拥有共同的目标，二是合作活动以自愿关系为基础，三是参与者之间是互相平等的，四是大家共同分担参与和决策的责任，五是共同对结果负责，六是在合作中共享资源。

总之，要确保学生感到被重视，被尊重，能在个人和学术层面都获得成长，学习环境就需要具备罗杰斯提出的三个关键因素：一是同理心，二是接纳，三是真诚。如果课堂具备这三个要素，学生就会感到安全，因为他们知道自己是可以尝试新事物的，即便犯了错，从同伴和教师那里获得的尊重也不会消失。

四、教学全程的一个关系

教学全程是由备课、上课、作业、辅导、评价等基本环节所组成的，涉及诸多要素，每个要素之间的相互作用本质上就是一种关系，因此教学关系是错综复杂的。从某种意义上看，教学改革就是教学关系的变革。比如原来是先教后学，现在变成了先学后教，这就是教和学关系的变革。

在众多的教学关系中，最核心的关系是师生关系。教师和学生之间通过一个怎样的纽带建立关系，决定着教学的效益和培养出来的人的规格。当学生称你为"语文老师""数学老师"的时候，你和学生之间的关系就只是学科知识教与学之间的关系、分数之间的关系；当学生用带有贬义的"绰号"称呼你的时候，你和学生之间的关系就是一种敌对关系……师生关系的核心是人与人之间的关系，应该是通过情感纽带建立起来的相互依赖、同生共长的关系。师有情，生有情，师生才有情；教有趣，学有趣，教学才有趣。苏联教育家赞科夫（Zankov）说："教学法一旦触及学生的情绪和意志领域，触及学生的精神需要，这种教学就能发挥高度有效的作用。"① 这充分说明了师生关系在教学中的重要作用。

建立和谐的师生关系，首先要对学生有深入的理解。戴维·保罗·奥苏贝尔（David Pawl Ausubel）说："假如让我把全部教育心理学仅仅归纳为一条原理的话，那么，我将一言以蔽之：影响学习的唯一最重要的因素就是学生已经知道了什么，要探明这一点，并应就此进行教学。"② 奥苏贝尔是从学科知识教学的角度说的，我想，这一观点同样适用于和谐师生关系的建立。

我国教学论专家江山野认为，学生具备两个非常重要的特性：一是向师性，都有趋向教师、接近教师、模仿教师的心理倾向，就像向日葵那样向着太阳生长；二是独立性，无论是从生理还是心理的角度看，学生都是独立的，也渴望能独立地处理遇到的各种问题。作为教师，应该了解学生的这两个特性，在教学过程中既要以学生的向师性为基础，又要以学生的独立性为导向，恰当处理师生、生生之间的相互关系。

建立和谐的师生关系，其次要留意自己的工作态度。教师以什么样的态度对待学生，将影响学生的成长；以什么样的态度对待工作，将决定工作的成败。美国教育心理学家海姆·吉诺特（Haim Ginott）曾深情地说："我惶恐地意识到，我成了教室里的一个决定因素。我个人的方法可以创造出教室里的情境，我个人的情绪也可以左右教室里的气氛。作为一位教师，我拥有巨大的力量来让孩子们过得痛苦或者欢乐。我可以成为折磨孩子的工具，也可以成为鼓舞孩子的火花。我可以带给他们羞辱或者开心，也可以带给他们伤害或者拯救。"③

教师对学生的正确态度应是发自内心的关爱和尊重，像对待自己的

---

① 王垚. 人性化探究教学模式的构建——用心理学效应构建物理探究模式［J］. 课程·教材·教法, 2021, 41（02）: 125.

② 苟艳芳. 高效课堂，从了解学生已有知识经验开始——《长方形的特征》案例描述与反思［J］. 考试周刊, 2017（09）: 155.

③ 海姆·吉诺特. 老师怎样和学生说话［M］. 冯杨, 周呈奇, 译. 海口: 海南出版社, 三环出版社, 2003: 01.

孩子那样关心着每一个学生的喜怒哀乐，关心着他们的点滴成长。这种关爱通常是不用言语表达的，是内隐在教师的言谈举止之中的。学生都有一颗敏感的心，他会很轻易地判断哪些老师对自己是真的关心，哪些老师是耍嘴皮的，从而确定和老师的交流方式。

阿道尔夫·第斯多惠（Adolf Diesterweg）说："教育艺术的本质不在于传授本领，而在于激励、唤醒和鼓舞。"① 其中，发挥激励、唤醒、鼓舞作用的就是良性的师生关系。

---

① 严开明. 教育艺术的本质在于激励、唤醒和鼓舞［N］. 中国教育报，2022 - 03 - 18（9）.

06 要相信孩子

苏联著名教育家苏霍姆林斯基（Suhomlinski）对他 25 年的教育工作进行提炼总结，得出了一条普遍意义上的教育真理——要相信孩子。对于每一位家长和教师来说，这不是一件容易做到的事情，但却是教育取得成效必须遵循的一个原则。

一、每个孩子都是向好的

苏霍姆林斯基说："没有不想成为好孩子的儿童。从儿童来校的第一天起，教师就应该善于发现并不断巩固和发展他身上所有的好的东西。"①

孩子从小就有强烈的好奇心和求知的渴望，他们会不加选择地吸收周边环境带来的各种信息，并加以学习和模仿。因此，当孩子走进学校时，他们的身上总是既孕育着向好的力量，也会呈现出多元的个性。教师首先要相信孩子，相信他们虽然个性特征差异很大，但每个人都能在自身的基础上得到最大可能的发展；其次要努力去发现每个孩子独特的能力、潜在的力量和才干，这些东西正是他们日后能取得成就的重要前提条件，是他们能创造性地进行工作的基础；再次是发展孩子身上的这

---

① 沈宁宁. 给孩子重新跃起的机会 [J]. 山东教育，2013（Z1）：36.

一切，给他们创造条件，让他们身上最美好的东西得到最充分、最理想的施展。苏霍姆林斯基说："每个儿童身上都有许多'根'，这些'根'向全身输送养料，滋养着他们精神上的美好品质。我们应当保护这些'根'，对它们爱护备至。"

教师切忌的一点，就是按照自己的想法去塑造孩子，要求孩子按照自己设定的路径去学习，不能越雷池一步，将孩子锻造成自己想象中的模样。这样做的结果，往往导致师生之间关系的紧张和对立，使孩子逐渐丧失学习的信心和兴趣。如果孩子自己不想学好，那么任何一个教育者也无法硬让好的东西在孩子心里生根。

苏霍姆林斯基通过对大量学生的观察和分析发现，孩子往往正是先在那些能充分发挥其才能、显示其力量的领域里做出成绩，然后从这些成绩里汲取精神力量来克服自身某个方面，包括某门课程成绩差的弱点。我曾去一所学校走访，学校的校长告诉我，他们鼓励学校里有兴趣的孩子成立摄影俱乐部，举办一些摄影活动和展览。结果有几个原本学习成绩不很理想的孩子，因为自己的摄影作品被大家认可而激发了学习的动机，学习成绩也有了明显的提升。由此可见，教师的任务首先在于发现学生身上最好的东西，去发展它，尽量避免用条条框框去约束它。

每个孩子的身上都潜藏着这种或者那种特殊的优点，每个教育工作者都要坚信这一点。通向儿童心灵的道路不是一条只需要教育者及时铲除杂草（儿童的缺点）、平坦而洁净的小道，而是一片肥沃的田地，儿童的各种优秀品德像幼苗一样，将在这块土地上逐渐成长。如果我们能让儿童的各种优点像幼苗分蘖似的迅速分枝，那么，他们身上的缺点就会自然而然地消失。

二、要呵护孩子的自尊心

所谓关怀儿童，指的是不仅要理解孩子的精神世界，而且还要学会用孩子的思想和感情来生活，把孩子的忧伤、焦虑和为之激动的事情统统装在自己的心里。这就是所谓的"设身处地"。

当孩子做了违反规定的事情之后，挨批评是很正常的事情，但苏霍姆林斯基对此有不同的看法。他认为，每对孩子进行一次批评，实际上就让他又一次加深了他是坏孩子、恶劣的孩子、十分讨人嫌的孩子的印象。七岁的儿童已经完全懂得缺点对一个人来说并不光彩，因此总想方设法掩盖它，尽量不让集体察觉，以免受到大家的谴责。

孩子中出现的某些问题，比如偷盗、打架等现象，在很多教师的眼里是不可饶恕的错误。但在苏霍姆林斯基看来，事情并非如此严重。有些"偷盗"行为本身出于"善"的目的，只是采取的方式不当而已。儿童中出现的偷盗现象和成年人的类似行为绝不是一回事。如果对待儿童的错误行为像对待成年人一样进行揭发和谴责，那么在儿童敏感的心灵中就会留下长时间的，甚至是终身的伤痕。更可怕的是，对孩子不当的揭发和谴责，说不定会导致孩子破罐子破摔，最终养成不良的生活习惯。

惩罚更是一种"祸福莫测"的不可靠手段，学校里进行的惩罚十有八九是不公平的。这种惩罚往往是从小事情开始的，比如孩子由于没有经验和无知而不自觉地干了一些不体面的事。因为没有经验和无知而导致的惩罚，会带来如下两方面的后果：其一，让学生感到无处讲理，教师和学生之间的关系只是一种通过威权建立起来的服从关系，这不利于良好师生关系的形成，更不利于学生的学习；其二，会导致学生抱团共同对付老师的现象，形成了这种局面之后，孩子建立在这种不健康的、错误基础上的"团结"会越来越牢固，并逐渐开始把严重的、绝对不能允许的行为也隐瞒起来。

儿童的心是敏感的，其心灵深处最敏感的地方即自尊心。每一个学生，哪怕是一年级的小学生，如果他感到老师对自己的印象比自己的实际表现坏，他的自尊心都会受到极大的伤害。相反地，如果儿童不仅知道而且体会到教师和集体对他个人的优点既注意到了，又很赞赏的话，那么他就会尽一切努力变得更好。事实上，教育技巧的全部奥秘就在于信任孩子，爱护儿童这种积极向上的精神和努力以及他们提高道德水平的积极性。

三、要发挥好集体的力量

苏霍姆林斯基认为，如果一个集体具有良好的道德风尚，并以此为骄傲，那么这个集体里的孩子也会自觉地努力争取在各方面都表现良好。

在学校里，时常会有一些难以管教的孩子。他们自说自话，经常做一些违反学校纪律的事情，老师做了很多耐心细致的思想工作，但都没有什么效果。这些孩子之所以我行我素、不服管教，大约有三个原因：从孩子自身看，他在学校里的所作所为并不是因为能从中得到什么满足，而是由于这样做已经成为一种习惯，他从来没有尝到过干好事和干高尚的事后所能感受到的激动人心的愉快，从没有体验过当优点得到肯定时所能享受到的那种精神上的满足；从班集体的角度看，班级里的同学大都对他的行为无动于衷、不闻不问，缺乏集体荣誉感，这种漠不关心、冷漠无情的态度常常导致孩子的反抗，做出一些过激的行为；从教师的角度看，或许有意识地提醒班级同学少跟他往来，以免被带坏，教师自身在教育方式上也不够细致，没能和孩子的心弦保持共振。

要想教育好这样的孩子，一个人的力量是不够的，应该发挥集体的力量，让班集体、全体老师共同负责。在帕夫雷什中学，有专门的学生案例分析会，针对某一学生的特殊行为进行分析和研究，全体教师讨论提出帮助的建议和方案，会后大家一起来关心。针对该学生所在的班级，教师也要做很细致的安排，让班集体来肯定学生在道德品质方面表现出来的优点，并及时地加以表扬。苏霍姆林斯基认为，教师对学生的关怀、爱护确实会在他们心中留下不可磨灭的印象，但集体的关怀往往会留下更深刻的印象。

苏霍姆林斯基非常注重班集体的建设，从学生一入学起，就着手帮助他们建立起良好的相互关系，使每个孩子都能随时关心自己的同学和其他人。即使是最冷漠无情、最没有同情心的孩子，只要能启发他们去关心别的孩子，那么他们自己就会逐渐变好，变得富有同情心，善于关心他人。所谓集体主义精神是指：关心集体的成就，争取让整个集体中的成员（而不仅是个别优秀成员）都成为好学生，都受到表扬。

现在的学校，基本上都是以班级为单位组成的一个个集体。怎样发挥集体的力量，形成相互信任、互相关怀的氛围，让孩子能健康活泼地成长，是每个教师都应该做好的功课。

第三辑

家庭的责任

人的教育在他出生的时候就开始了，在他不会说话和听别人说话以前，他已经就受到教育了。

——卢　梭

父亲和母亲是如同教师一样的教育者，他们不亚于教师，是富有智慧的人类创造者，因为儿子的智慧在他还未降生到人间的时候，就从父母的根上伸展出来。

——苏霍姆林斯基

孩子的性格和才能，归根结底是受到家庭、父母，特别是母亲的影响最深。孩子长大成人以后，社会成了锻炼他们的环境。学校对年轻人的发展也起着重要的作用。但是，在一个人的身上留下不可磨灭的印记的却是家庭。

——宋庆龄

01　把握生长特点

"儿童是成人之父"这一观点由华兹华斯提出，经由蒙台梭利的发展，逐步传向世界，在我国也取得了很高的认可度，理论价值十分丰富。[①]父母在教育儿童之前，首先要回忆自己的童年，努力站在儿童的角度去理解、尊重儿童，根据儿童身心发展的规律，为儿童实现自身的潜能提供所需的帮助。

一、父母与儿童

在父母的眼中，儿童处于怎样的地位呢？

时代越来越开放，孩子的生存空间却并没有因此而扩大。刚出生的孩子，我们总是通过襁褓将其紧紧包裹起来，不让他自由地生长。很多幼儿长期待在狭窄的居所里，外部的世界虽然很大，但他们却缺少活动的空间。年轻的父母每天忙于生计，好不容易回到家中，又常被手机等智能设备所羁绊，留给孩子的时间很少。成人会想着给新生儿买一些鲜艳的物品或者玩具来吸引他的注意，但很少想过绝大多数的时间里孩子只是仰面看着没有任何色彩的天花板。当孩子慢慢地学着爬行，想坐在地板上或爬到门口时，却经常被父母拎起来放到自己的膝盖上或者抱在

---

① 赵雪莲."儿童是成人之父"的嬗变历程［J］.山西青年，2018（04）：92.

怀里，为的是避免他们将衣服弄脏或者受到伤害，但很少考虑孩子自己的想法。在家庭的生活环境中，有很多孩子禁止进入或者触摸之处，一旦越界就会受到严厉的斥责……

从某种意义上说，有不少父母虽然口头上是爱孩子的，但在行动中并没有给孩子准备好一个适宜的环境。父母没有像尊重其他成年人一样去尊重孩子，理解孩子的内在需求。有的时候，孩子还会成为父母暴虐本性的牺牲品。

童年构成了人的一生中最重要的一部分，因为它是成人的开始。蒙台梭利提醒我们：成人的幸福是与他儿童时期的生活紧密相连的。成年人的生活方式实际上在他很小的时候就被确定下来了。一个人的个性特征就是在他童年心灵的敏感期和秘密时期形成的。

近些年有一个很重要的观念转变，即在教育是为了孩子今天的幸福还是未来的幸福奠基的讨论中，大家逐渐意识到，如果孩子今天不幸福，怎么可能会在未来获得幸福呢？但仔细想想，这样的观念还需要进一步改变。教育要为儿童当下的幸福奠基，只有儿童幸福快乐了，他长大成人之后才会有幸福的一生。

人们对儿童还很缺乏了解。儿童的世界中隐藏着某些至关重要的秘密，这些秘密能揭开人类心灵的面纱；儿童的精神世界中也蕴含着某种力量，一旦被发现，就能帮助成人解决他们自己个人和社会的一些问题。从这个意义上看，认识儿童，其实就是在认识我们自己。"儿童是成人之父"，还是很有道理的。

二、孕期育儿要诀

每个父母都希望养育出聪明、活泼开朗且有教养的孩子，但怎样才能做到这点，并不是每个父母都清晰的。在养育孩子的过程中，一些年轻的父母常被各种广告和推销中的育儿产品所诱惑，不关注孩子的生长特点，做了很多不利于孩子的傻事。

怀孕期间，胎教系列产品很受准父母推崇。各种各样的胎教故事、各种类型的胎教音乐，让那些准父母眼花缭乱，其中莫扎特的音乐被认为最神奇、最有效。但到目前为止，没有任何科学证据能证实这些胎教产品对胎儿的大脑发育有丝毫的帮助，而且也找不到任何相关效果检测的实验，更没有任何有力的证据能证明胎教课程可以持久地提高胎儿的智力水平。在孕期，最重要的就是让胎儿安静一点，他们不喜欢被打扰。

发育过程一旦开始，大脑胚胎每分钟就会生产出 50 万个神经元，相当于每秒钟诞生 8 000 个神经细胞，而且这样的高速生长会维持相当长的一段时间。胎儿在子宫中生长，是为了避免各种各样的外在刺激。有些孕妇在怀孕的过程中经常会发生剧烈呕吐的现象，这与母亲吃进了一些让胎儿感到有危险的食物有关。胎儿对此非常敏感，会引导母亲身体内产生激素，促使母亲剧烈呕吐，以保证自己的安全。当然也有科学家认为，促使母亲呕吐的激素有助于胎儿脑部的发育，所以孕期经常呕吐也不完全是一件坏事情。

到了怀孕后期，胎儿能听到母亲的说话声，而且在出生后更偏好这个声音；在孕期末段（分娩前一个多月），胎儿能牢记在子宫里听到的声音，出生后这些熟悉的声音能让孩子感到安心，起到安抚的效果；孕期后半段，胎儿开始处理大量感觉信息，能闻到香水的味道和比萨的奶酪味，这些信息会写入他们的潜意识。如果母亲喜欢喝苹果汁，那么孩子出生后也会偏爱这个口味。

为了养育一个聪明健康的宝宝，孕妇可以采取以下四种方法来促进胎儿的大脑发育：

一是保持适当的体重。孩子的智商部分取决于脑容量的大小，而脑容量与其出生时的体重有关。当然也不是体重越大越好，体重太大，孩子容易缺氧，也会导致大脑发育出现障碍。

二是均衡饮食，多吃水果和蔬菜。由于个体差异很大，所以没有一种饮食结构能正好符合某个孕妇的实际状况。目前只有两种补充剂被证明对胎儿的大脑发育有益，一种是叶酸，需要在怀孕的初期服用；另一种是 omega‐3，它是神经元细胞膜的重要成分，如果摄入不足，人们容易出现阅读障碍、注意力缺陷障碍、抑郁症、躁郁症等症状。多食用鱼类，特别是脂肪含量高的鱼类是一个不错的选择。

三是避免过度的压力。过于频繁的压力、过于沉重的压力以及对个人而言难以承受的压力都会让孕妇在面对危险的时候束手无策。这些压力会对胎儿的发育以及今后的成长产生负面的影响，包括影响孩子的性格，长大后孩子会易怒，难以安抚；会导致孩子的智力下降；会影响孩子未来的运动技能、注意力集中能力；会使孩子的脑容量减小；等等。

四是进行适度锻炼。每天坚持 30 分钟有氧运动，更可能生下聪明的宝宝。但是在孕后期，要减少锻炼的量，游泳是不错的选择，适度的锻炼也有利于顺利分娩。

三、孩子的情欲世界

孩子的情欲世界是一个秘密花园，家长和教师不能贸然闯进这一花园，对生长在其中的各种"花卉"进行随心所欲的修剪和栽培；但也不能对这个花园一无所知，放弃对孩子进行引导和教育的良机。下面从三个方面略作探讨。

1."咬"出的世界

刚出生的孩子，认识世界最基本的方式是接触。最先接触的就是母亲，母亲通过和孩子的身体接触，不仅传递出声音、体味等生物方面的信息，同时也传递着感情沟通的信息。宝宝会复制此类信息，并通过和母亲互动交流的过程，发展自己独特的个性。

喂母乳绝对是母亲与宝宝之间交流互动最高峰的时期之一：喂母乳时，母亲与宝宝的身体紧紧相依，温柔的抚摸、慈爱的眼神、轻声细语，还有母乳的气味等，会让孩子产生别样的感受。母乳仿佛是母体的延伸，就像一根无形的脐带一样，向内同时也向外拓展孩子对世界的认识。专家一直倡导母乳喂养，但较多的是从母乳的营养成分上去分析母乳的好处，较少将孩子借助母乳建立自己和世界的联系这一核心价值揭示出来。

在孩子的各种器官中，嘴巴是首先开始和世界进行互动的器官，这种互动是人生存的必要条件，是一种自我求生的冲动。宝宝在吸吮母乳的时候刺激了嘴巴，很快地，宝宝在不饿的情况下会自动重复吸吮的动作。

伴随着宝宝的牙齿开始发育，慢慢学着吃块状的食物时，孩子"咬"的动作又有了新的意义。他们逐渐开始理解自己是独立于母亲之外的一个个体，是这个世界上一个独立的人，尽管这样的意识还很微弱，但却是孩子走向独立的开端。

意识到自己是一个独立的存在，对孩子来说既是成长的重要组成部分，又是带有一定风险和挑战的事情。通过强化自己与父母、成人之间的关系，寻求支持来发展自己对外界的探索，是孩子的一种生存策略。孩子不光"咬"各种能被自己接触到的物品，还会亲吻甚至去"咬"妈妈的肌肤或者幼儿园小朋友的脸颊。孩子这样做，是想通过"咬"的动作寻求和对方接触，以建立与对方的联系，甚至把对方占为己有。不光是孩子，大人其实也如此。如果你留意，不难听到妈妈们对孩子柔声细语的话语："你可爱得真想让人咬一口！"或者"噢！我要把你吃掉……"这些话语都会在孩子的心中留下甜美的印象。

2. 儿童自慰

1912 年，在维也纳举行的心理分析学术研讨会上，西格蒙德·弗洛伊德（Sigmund Freud）提出：孩子也有自慰的行为。这个观点引起了在场人士的震惊、哗然。孩子不再是纯洁的天使，而是"多种形式的小邪魔"（弗洛伊德的用词），会寻找各种形态的乐趣。

事实上，无论是男孩、女孩，都会出现自慰的行为。孩子的自慰并不是污秽或邪恶的行为，而是孩子情欲发展的重要表征之一。

孩子的自慰分为三个阶段。

第一个阶段是在婴儿时期，也就是吃母乳的时期。有些爱抚宝宝的动作，以及某些擦拭身体的动作会引发孩子们感官方面的乐趣，使他们想重复这样的动作，因此宝宝几乎是在不自觉的情况下夹紧大腿，以手自摸或压按身体。

第二阶段大约从 3 岁开始，到 6 岁为止。这个阶段的自慰是对身体的触摸，发现并主宰自己的身体，确认自己的性别。小男孩和小女孩会探索自己身体的不同部位，经过综合整理，了解自己身体的整个结构。除此之外，触摸身体的各个部位令孩子感到无比的兴奋。孩子就是由此发现了有些器官具有情趣。

在这个阶段，孩子将逐渐建立起自己身体的隐私观念。在此之前爸爸妈妈帮忙洗澡、换衣服，但今后孩子要开始当自己身体的主人。孩子会在这个年纪开始要求有一点隐私权，坚持自己穿衣服、洗澡。孩子的身体，从此不完全是爸爸妈妈的"管辖"范围。

孩子开始上学之后，学校生活的乐趣就会替代孩子对自身奥妙的探究，引领孩子走向一个新的世界。如果过了这个阶段孩子还表现出过度的自慰现象，就要引起家长的注意。有过度自慰行为的儿童通常是一些内心深处不安的儿童。比如，生活中缺乏快乐的来源；觉得不被父母重视；没有同伴，觉得孤单；没有足够的游戏刺激和体育运动等。家长要善于分析原因，着力改变孩子的生活方式，而不是随意地指责和打骂。

第三阶段是在孩子进入青春发育期。此阶段的私密性更高，而且相较于小时候的自慰，更具有行动性。如果说儿童时期的自慰还属于感官接触，青春期的自慰"性"的色彩已经很浓厚了。

3. 衣服的功能

孩子在母亲子宫内的生活阶段，应该是其一生中唯一"赤条条无牵挂"的时期。人从生下来开始，就离不开衣服，这是人类与动物的最大差别之一。衣服的功能何在？除了因人性羞涩而用它蔽体之外，还有区分性别的作用。当一个母亲开始十月怀胎的时候，已经开始为自己的孩子准备衣物了，而且会把蓝色的给男婴，粉红色的给女婴。衣服成了性别认同的特征之一，和孩子的性心理发展密不可分。

处于青春期阶段的孩子，在衣着上的变化和追求常常令家长看不懂。很多家庭，在孩子的这个阶段，常因为穿衣问题而发生争吵，家长和孩子都很不愉快。其实孩子就是想通过衣着来实现自我认同，同时又做到独树一帜。

衣服的诡秘，在于既可以掩饰，同时也可以表现身体，是一种保护层，也可以是一种肯定自我的生活哲学。有些青少年对于自己正在发育时期的身体感到不安，所以会选择那些穿起来肥大宽松的衣服来掩饰自己的身材；也有的孩子内心害怕自己不够吸引人，就把所有能吸引人的"资产"全部投射在外，小小年纪借助衣着把自己打扮得非常性感、妖艳，来彰显他们外在的身体特质。这样的情况在女孩子身上表现得较为普遍。这种穿着，常常会给别人一种错误的信号，其实她们更多地只是希望别人能够注意自己、欣赏自己而已。

衣着是同伴归属的象征，也是同一代人的标志。下一代总要标榜自己和父母那一代的不同，所以就会尝试各种不同的着衣风格，以寻找真正属于自己的风格。不过在今天，处于青春期的孩子越来越感到困惑了，因为很多父母的穿着也越来越时尚化，使得他们要想标新立异越来越困难。从孩子成长的角度看，这不一定是件好事。

四、关注儿童发展

所谓"儿童发展"是指在学习和成长的过程中，儿童在生理、认知（心理）、语言、情感（社交）等方面所取得的具有里程碑意义的进步。胃口变大了，原来的衣服穿不上了；越来越关注周围的世界，认识到人与人、物与物之间的差异；会用多个词语来表达自己的想法，会讲故事了；与人玩耍的本领提高了，独立性也体现出来了……这些都是儿童发展的具体体现。

在儿童的成长过程中，不同的年龄段，儿童的发展并不是线性的，而是具有阶段性的特征。美国精神分析理论家爱利克·埃里克森（Erik Erikson）将人的整个一生分为八个发展阶段，每一个发展阶段都包含了一个必须达成的任务，每一个阶段任务完成的质量如何都将会影响到下一个阶段的发展。让·皮亚杰（Jean Piaget）认为，儿童的认知发展需要经历感知运动、前运算、具体运算、形式运算等四个阶段，在不同的阶段，孩子的成长都有其独有的特征。

埃里克森所划分的八个发展阶段，其中四个阶段在儿童时期，一个在青春期，还有三个在成年后。其中，儿童时期的发展具有如下特点：

第一阶段，婴儿期（0~1.5岁），建立信任感。

埃里克森认为，在婴儿生命的第一阶段，婴儿的任务主要是发展他对自己本身、对他人以及对周遭世界所产生的信任感。父母的两种行为有助于婴儿这种信任感的产生：一是在给婴儿喂食时，能亲密地抱着他，并且与他有温暖的身体接触；二是当婴儿哭泣的时候能立即回应。

为什么当婴儿哭泣的时候要立即回应？皮亚杰对此进行了更加深入的研究。他认为，10个月以上的孩子，将开始出现"物体恒存"的概念。即使孩子没有看到物体，也能了解到它们的存在。这是孩子发展上的一个里程碑。孩子吃饭时玩汤匙，不断地让其掉到地上，其实就是在探索"物体恒存"这一事实。婴儿看到父母不在的时候大声地哭泣，是因为他了解到了"物体恒存"，试图通过哭闹，让父母现身。

第二阶段，儿童期（1.5~3岁），获得自主感。

这个阶段的孩子主要的任务是获得自主（独立）感。孩子要学着处理"坚持"和"放手"两种挑战，在其间找到适当的平衡。如果家长和教师在一些具体问题上的原则和态度是非常明朗的，孩子就会在几次"坚持"的尝试之后，明白这样的限制，并学会"放手"，去探索其他自己尚未明了的事情。

孩子天生就有好奇心，是一个探索者，他会不断挑战家长的耐心和底线，看你所定的各种规矩究竟是怎么回事，能否进行突破。固定的生活秩序和不变的家庭规矩，就是在筑一道围墙，一道让孩子感到安全的围墙，让他明白什么事情是可以做的，什么事情是不可以做的。如果规矩始终不变，久了之后他不会再来试探同一个地方，大家就会达成共识，这里就是筑墙之处。当孩子清楚地知道生活中有这么一道绝不可越界的围墙后，反而可以让他很有安全感地成长与发展。

第三阶段，学龄初期（3~6岁），获得目的感。

这个阶段的孩子精力旺盛，而且已经准备好要学习各种各样的事物，他们会很快地忘却失败，更加愿意倾听，并向教师、父母以及其他孩子学习。这个阶段的发展任务是获得目的感。埃里克森认为，在这个阶段，要特别注意培养孩子独立自主的意识。

埃里克森的观点和皮亚杰的理论也是不谋而合的。皮亚杰认为，2~7岁的孩子，是以自我为中心的，认为所有的事情都只跟自己有关。他们一次只能注意一件事情，或者一个人的某个特质，因此会表现出一些很奇特的言行来。

在一个育儿中心，教师给孩子和他们的妈妈展示了一个刚出生的孩子的照片。这个刚出生的孩子，从图片上看上去皱巴巴的，长得很好笑。一个男孩对他的妈妈说："应该用熨斗将这个孩子烫平。"其他孩子听着这个男孩的话，没有一个哈哈大笑或露出惊恐的表情，也没有人说这会将孩子烫着的。

孩子为什么会有如此"奇特"的语言呢？这与他们一次只能认识事物的某个特质是有很大关系的。孩子在不同的场合，认识了事物的某些特质，比如衣服可以用熨斗来除皱、新生儿有皱纹等，但还不能同时掌握一个物体或者情境拥有的多种特质。理解了这些，在对孩子进行教育的时候，就会有更多的理解。

第四阶段，学龄期（6~12岁），获得勤奋感。

这个阶段的孩子都应该在学校接受义务教育。学校是培养孩子从一个自然人成长为社会人的重要场所，孩子在学校期间要学习各种各样的符号，掌握今后生活所必需的知识和技能，了解各种各样的社会法则。

如果孩子能顺利地完成相关的课程，他们就会获得勤奋感，这将使他们在今后的独立生活和承担工作任务中充满信心。反之，就会产生自卑感。

在这个阶段，需要家长和教师之间进行密切的合作，形成家校共育的共同体，携手来促进孩子的成长。

上述发展阶段的划分是根据孩子生长发育的特点，在与年龄相对应的基础上确定的。如果从儿童某项生存本领的获得角度去分析，又会有新的关注点。比如：视觉和听觉发展的最佳时期在0~5岁之间。感官系统的发育能帮助他们更好地认识世界，并和外界交流。在出生后最初的几个月里，他们需要去接触各种形状、颜色以及不同距离的事物和运动，以建立和完善视觉回路。听觉发展也是如此。而语言的学习发生在更长的一段时间内，从0到10岁，他们都在不断学习着语言的技能。每个孩子对于语言能力的发展和掌握是不同的，尤其是在出生后的头几年。一些基本的训练可以由父母来完成，比如耐心且不断地和孩子讲话，鼓励他们牙牙学语，表达自己。不过，语言学习也可以由经过专业培训的教育人员来帮助完成。

如果家长在教育孩子的过程中，没有关注到这些特别重要的"最佳发展期"，往往会导致孩子发展方面的遗憾。当然，孩子个体之间的差异还是很大的，和共性特征相比，孩子存在6个月之内的差异都是正常的，父母没有必要恐慌和焦虑。

02 创设良好的育人氛围

家庭环境包括家庭的物质生活条件、社会地位、家庭成员之间的关系及家庭成员的语言、行为及感情等。家庭环境既是一双无形的手，也是一双有力的手，孩子生活在其中，耳濡目染，慢慢地就形成了与家庭环境相一致的生活方式和道德品行。孩子的健康成长，离不开良好家庭环境的营造。

一、做孩子的表率

托尔斯泰（Tolstoy）有句名言："全部教育，或者说百分之九十九的教育都归结到榜样上，归结到父母自己的端正和完善上。"① 幼儿最基本的学习方式是模仿，最重要的模仿对象就是家长。父母的思想道德素质，对美丑、善恶、是非的态度都会直接影响到孩子。如果父母为人诚恳，言行有礼貌、讲文明，孩子也会真诚待人，知书达理；如果父母对别人态度粗暴，行为失态，缺乏教养，想把孩子培养成一个有教养的人是不大可能的。孩子从父母那里学到的品质、人格、习惯和处世态度，对他一生的发展都会产生极大影响。

有一个记者去监狱采访未成年犯罪者，问其中一个十五岁的男孩：

---

① 弥海龙. 试论当代农村家庭教育中身教重于言传［J］. 新课程（中），2019（10）：2.

"你什么时候开始走上犯罪道路的？"孩子说："我五岁就开始了。"记者很诧异地说："五岁？你还没懂事呀！"孩子说："有一次，我和妈妈一起去坐公共汽车，我个子大，一上去就超过了要求买票的线，妈妈用手按了我一下，我蹲下一点，就不用买票了。从此以后，我坐车，不管有没有和妈妈在一起，我都这样做，妈妈总是夸奖我，说我脑袋瓜灵活。由此我就得出一个道理，只要我占了小便宜，妈妈就会夸奖我。从此，我就到处占小便宜，占不到便宜，我就去偷，偷不到，我就去抢，抢不到，就杀人……最终进了监狱。"

上述案例告诉我们，父母就是孩子的老师，他们自觉或不自觉的言行，在孩子的成长中发挥着潜移默化的作用。要让孩子健康成长，父母一定要以身作则，时时、处处、事事都严格要求自己，成为孩子人生的好榜样。身为父母必须随时随地检查自己的言行，用自己的行为规范教育孩子。父母要求孩子相信的道理，自己首先应该相信；父母要求孩子做到的事情，自己首先应该做到；父母要求孩子不做的事情，自己也不能做。即使父母偶然疏忽做错了事，也要放下自己的面子，向孩子说明错误并改正，这有利于孩子学会辨别是非、知错必改和实事求是。

有一天，在一个十字路口等红灯的时候，我看到一家三口，父亲骑着助动车，载着自己的爱人和孩子，母亲身上还背着一个琴盒，估计是送孩子去培训或者参加艺术表演的。看着路口没有其他车辆，这个父亲闯着红灯就过去了。助动车带着两个人，本身就是违规行为，为了赶时间闯红灯，又是违反交通法的行为。在为孩子提升艺术素养的同时，父母接连带着孩子做出一系列违法违规的事情，实在令人遗憾。孩子经常跟着父亲这样出行，自然也不会对法律产生敬畏感。一个有敬畏感的人，最直接的表现就是具有很强的自我约束能力。在工作和生活中缺乏自我约束能力，很可能会走向犯错误甚至犯罪的道路。

苏联教育家苏霍姆林斯基也特别重视父母自身行为对孩子所产生的影响。他提醒父母：不要以为只有你们同孩子谈话和教导孩子、吩咐孩子时才是在教育孩子。在你们生活的每一瞬间，甚至当你们不在家的时候，都是在教育孩子。你们怎样穿衣，怎样跟别人说话，怎样表示欢欣和不快，怎样对待朋友和仇敌，怎样笑，怎样读报……所有这一切，对孩子都有很大的教育意义。

二、呵护孩子的兴趣和求知欲

每个孩子都有强烈的好奇心和求知欲，对大千世界充满探究的渴望。做家长的，要充分意识到孩子这种与生俱来的本性，着力呵护他们的兴趣和求知欲，为他们创设各种各样的条件，帮助孩子去认识世界，体验多姿多彩的生活。

约翰·约瑟夫·霍普菲尔德（John Joseph Hopfield）是 2001 年狄拉克奖的获得者，他在回忆自己孩提时代时颇有感慨。他说，只要父亲修理家里的器物，他就会守在旁边看。父亲会向他讲解问题可能出现在哪里，如何才能修好。有一次，他将一台带手柄的老式留声机给拆得七零八落，被别人看到告诉了他的母亲，他的母亲说："没关系，要是他装不回去的话，他爸爸会帮他的。"在他稍大些之后，他的母亲还鼓励他在厨房里做化学实验。他还用头戴耳机、一块铅矿石（硫化铅）和在纸板筒上绕成的线圈自制了一台收音机。

1996 年诺贝尔物理学奖获得者道格拉斯·奥谢罗夫（Douglas Sheriff）说："我对物理学的喜爱大约始于 6 岁。当时，为了玩电动火车里的小马达，我将玩具拆得七零八落。我 8 岁那年，父亲把他小时候使用过的照相机给了我，当时我简直爱不释手。父亲还给我带回一个配有钻石柄螺丝刀的机械钟，建议我试试能否拆散后再组装起来。我一直以为，这是维持我科学兴趣的最好'营养成分'。"

1997 年诺贝尔物理学奖获得者威廉·菲利普斯（William Phillips）也有类似的经历。从能够记事起，他便对科学产生了浓厚的兴趣。大约 5 岁时，他已经收集了一大堆用于"化学实验"的瓶瓶罐罐。在家里的地下室里，有一块属于他的"实验室"。他花了很多时间做一些像燃烧、爆炸、研究烟花和碳弧灯之类颇为危险的实验。他的父亲虽然没有刻意培养他的科学兴趣，但对他种种"淘气"举动的宽容却让他求知的信心大增。

物理学家理查德·菲利普斯·费曼（Richard Phillips Feynman）有个很好的父亲，从小给他讲过很多与众不同的话。比如，看到报上人们向教皇鞠躬的照片，他问："这个人和其他人有什么区别吗？"父亲说："区别只在于他的帽子。"费曼的父亲从小就十分注意引导他用科学的方式去思考问题，用各种浅显的方法鼓励儿子对科学的兴趣，让孩子懂得知道某一件事情的名字和了解这件事情本身是存在区别的。有一个例子可以给我们一些启发：

有一次，费曼在玩小推车的时候，发现了一个奇怪的现象：向前推小车的时候，球会向车后滚。为什么会这样？当费曼询问父亲的时候，得到的是这样的回答：没有人知道这是为什么。普遍的原理是运动的物体有保持运动的趋势，静止的东西有保持静止的趋势，除非你用力去推它们。这种趋势被称为"惯性"，但没有人知道为什么会如此。父亲这样的回答，代表了对物理学本质和世界本质的一种深刻见解。正是类似这样的问题，日后一直激励费曼对每一件事情质疑，去探究最根本的真理，而不是满足于对人们已有认识的了解。

费曼从小喜欢"倒腾"，每天都不忘在自己的"实验室"（也就是自己收集各种电线、电池等零碎物品的地方）里做实验，还带着妹妹一起做各种类型的探究，包括设计火花放电实验，并且控制电压，让妹妹可以将手放在其中而不至于被烧伤。他给妹妹推荐天文学方面的书籍，让 14 岁的妹妹进行学习，而且对她读书的要求是："你从头读，尽量往下读，直到你一窍不通时，再从头开始，这样坚持往下读直到你全部读懂为止。"他的妹妹后来成为一个科学家，最初就得益于他的指导。

如果说他的父亲注重在科学思维方面对他的训练，他的母亲则教他"懂得了我们能够得到的最好的理解就是笑声和同情"。更有意思的是，费曼用父亲教育他的这种方式来教育自己的儿子，也取得了很大的成功。他的家庭教育方式，或许能给我们当今的家长一些启发。

三、培养阅读的兴趣和习惯

培养孩子阅读的兴趣，养成阅读的良好习惯，实际上就是培养孩子终身学习的能力，这是为孩子一生奠基的工程。

丘成桐回忆自己在中学阶段的学习生活时说，广泛的阅读让他获得了许多同学甚至老师都不知晓的信息，也让他感到非常自豪。超越课本的大量阅读对他日后的发展起到了更重要的作用。面对一些很难懂的数学书，他总是锲而不舍地反复阅读，从中受益匪浅。当后来需要运用某种概念去理解新的问题时，以往所学常能蓦然浮现，令人茅塞顿开。他说，在自己的研究生涯中，这种感觉曾经一而再、再而三地重现过。

1981 年诺贝尔物理学奖获得者尼古拉斯·布洛姆伯根（Nicolaas Bloembergen）在回忆中学生活时说，自己当时最喜欢阅读居里夫人和爱因斯坦的传奇故事，他们是自己中学时代最著名的科学家。1988 年诺贝尔物理学奖获得者利昂·莱德曼（Leon Lederman）也说，自己的科学兴趣源于阅读科学家传记，最早读到的是一本介绍生物学家工作的《微生物猎人》。南部阳一郎回忆说，小时候，父亲给他买过许多儿童科普图书，当时他心中最伟大的英雄是大发明家爱迪生。2002 年诺贝尔化学奖获得者约翰·芬恩（John Fenn）回忆说："每天下午放学回家，爱读书的母亲总会为我们念上几段好作品。受母亲的影响，我从小学五年级开始便养成了良好的读书习惯，是当地公立图书馆的常客。直到大学毕业，我始终坚持每周读四五本书。在我七八岁时，父母花大价钱给我买了一套共 20 卷的青少年百科全书——《知识之书》，我被书中的内容深深吸引，可以毫不夸张地说，《知识之书》便是我的大学。"

美国伊利诺伊大学阅读研究中心主任理查德·安德森（Richard Anderson）教授主要从事儿童阅读研究，他曾深入研究了中国儿童的课外阅读并与美国的儿童阅读做了比较，发现两个国家的普通家庭为孩子提供阅读材料的经济能力大体相当，但美国孩子的阅读量则是中国孩子的六倍。

之所以会有这样巨大的差距，理查德·安德森梳理出了两个原因：一是中国的父母给孩子选择的课外读物过于超前，大多数书籍的内容超过了孩子的认知水平，孩子难以流畅理解故事的内容，感受不到阅读的乐趣。于是，孩子慢慢地就不愿在阅读上花费时间，阅读量自然也就上不去了。中国的家长比较注重阅读的短期效应，在孩子读了几本书之后能看到其具体的应用，是家长最期待的。家长较少将阅读看作是一个奠基工程，立足长远来谋划。二是中国的家长不太注重陪伴孩子阅读。美国父母在孩子很小的时候，就会每天抽时间给孩子读书，直至孩子上学了，依然会保持每晚睡觉前给孩子读书的习惯。而中国父母在孩子小的时候更多的是花时间在督促孩子写作业上，而不是读书，这是一种本末倒置的做法。

四、爱是陪伴

在中国教育报任职的张贵勇先生，在《真正的陪伴》一书中总结自己陪伴孩子成长的经历，提炼出了爸爸在教育孩子过程中的九个关键词：阅读、运动、陪伴、榜样、游戏、情商、学习、大自然、学校教育，不仅为年轻的爸爸提供了家庭教育的范例，更为读者解读了爱的真谛，揭示出父亲之爱在孩子成长过程中的巨大作用。

我曾去过北欧国家丹麦，对这个国家重视父母与孩子的相处时间有非常深刻的印象。丹麦法律规定，有需要的家庭可以花更多时间陪伴孩子的初期成长，雇主不得因此解雇员工。美国前驻华大使骆家辉，为了陪伴在美国中学学习的孩子，而辞去驻华大使的工作，也给人们留下了非常深刻的印象。陪伴孩子的成长，在欧美国家的家庭和社会中，有着特别重要的意义。

意大利幼儿教育家蒙台梭利对教育的一大贡献，就是发现了儿童的敏感期，即儿童在发育的初期阶段所具有的一种特殊的、灵光乍现的禀性。比如儿童对秩序的敏感从刚出生的第一个月就开始了。当他看到有东西被放置在应该放置的位置上时，就会表现出高兴和满足。一个六个月的孩子，看到有人进入房间之后将一把雨伞放到了桌子上，就立刻变得不安并尖叫起来。一件东西放错了地方，会严重地打乱孩子放物有序的记忆方式，给他带来内心的不安。比如大肌肉发育的敏感期是1岁到2岁；小肌肉发育的敏感期是1岁半到3岁；2岁是孩子语言的敏感期；3岁是孩子触觉的敏感期；从出生到3岁之前，是孩子与他人建立依赖、信任和感情的敏感期；4岁之后的孩子进入阅读敏感期，开始逐渐对故事和图文感兴趣，此种状态会持续大概一年多的时间……

孩子在不同阶段发展的特殊性，需要家长有充分的认知，并留出充足的时间陪伴孩子，帮助孩子获得最好的成长。在这方面，张贵勇先生为我们树立了很好的榜样。

陪伴孩子阅读，不断增强孩子的精神底色。从每天睡觉前的读书、讲故事，到图画书的共读，再到儿童文学作品的自主阅读，张贵勇坚持不懈地引导着自己的孩子哲哲，让其养成了良好的阅读习惯。在地铁上，读书的快乐笑声感染了车厢里的人们，吸引了其他小朋友也围拢过来；参加新书发布会，让孩子感受人们对书籍的热爱之情；探讨故事背后的深层意义，通过表演的方式来重现故事情境；为哲哲班级的学生讲故事，在集体共读中培养孩子对阅读意义的理解；依据孩子身心发展的特征选择读本，让故事能更好地滋润孩子的心田。亲子阅读，一方面是借助阅读教给孩子生活的哲理，另一方面是通过共读增进亲子感情和互动，最后一方面也让家长不断感悟童心，发现童年的秘密。

陪伴孩子运动，促进孩子身心协调发展。身体素质差是当下青少年的普遍现象，这不仅关乎个体今后的发展，还直接关系国家的安全和稳定。让孩子养成良好的运动习惯，有自己喜爱的运动项目，一个个体魄强健，关键在家庭。张贵勇自己就很喜欢运动，对培养哲哲的运动兴趣也是竭尽全力：定期带孩子到周边的体育场馆锻炼身体；依据孩子成长发育的特点为孩子选择运动项目，培养孩子的兴趣；鼓励孩子与其他孩子一道运动，感受运动的快乐。张贵勇认为，爱运动，不仅是为了拥有健康的体魄，还是为了感悟运动的快乐，体会运动中的团队合作、成就感、顽强不屈，以及不怕失败、勇于担当等意志品质。

陪伴孩子游戏，让孩子在角色扮演中体悟人生的意义。德国著名诗人约翰·席勒（Johann Schiller）说过，游戏具有自我去蔽、自我解放的功能，于人的成长有着重要的意义。而且，人生最高、最完美的境界就是游戏。只有当人在充分意义上是人的时候，他才游戏；只有当人游戏的时候，他才是完整的人。

陪伴孩子学习，让孩子掌握如何去获得知识的本领。张贵勇认为，孩子的学习能力、感悟力都很强，只要父母给他们一个好的平台和环境，加上适当的引导，每个孩子都可以自学成才。孩子不爱学习，没有学习动力，多半是难以承受过重的学习负担，学的也不是自己感兴趣的东西。为了让孩子爱上学习，张贵勇确立了如下几条原则，很值得借鉴：一是考虑孩子的接受能力，不做拔苗助长的事情；二是从兴趣入手，在生活中学习，学以致用；三是注意结合学习规律，即在孩子精神状态好的时候投入学习；四是在学习上坚持赏识教育，看到他的点滴进步。他还特别提醒家长，在辅导孩子学习的时候，首先要观察孩子的情绪，只有当他们情绪饱满的时候，才能最大限度地汲取知识；其次要注意学习是从生活中来，到生活中去。

陪伴是一种成长方式，也是一种教育态度。张贵勇通过陪伴哲哲成长，对如何当好爸爸有了更深的理解，自己也获得了成长。

五、环境的重要价值

孩子始终生活在两种相互交织的环境之中，即物质环境和精神环境。孩子在很小的时候，尚不具备主动适应环境的能力。家长给孩子提供的物质环境，对他的生理发育和心理发育都有着非常重要的影响。这种物质环境首先是饮食方面的，搭配合理的饮食，不仅能让孩子的各种器官发育良好，也能让孩子在品味食物的过程中，获得一种心理的满足和愉悦感。在我们的身边，经常存在这样的现象：每到吃饭的时候，家长总是追着孩子跑，连哄带骗半天才能让孩子吃下一口饭；而且孩子还挑食，不喜欢的食物一口都不愿碰……孩子从小没有养成良好的饮食习惯，对他当下的身体发育、今后的成长都有负面影响。其次是生活环境，特别是为孩子准备的各种书籍、游戏的器械方面。孩子的大脑发育，是通过将触觉、嗅觉、听觉、视觉、味觉等各种感官所采集的信息，传递到大脑之中，触发各种神经元之间建立连接、形成神经回路而进行的，不同的感官在其中发挥的作用不一样，触发的神经元也不相同。当各种感官都得到充分运用时，对神经元的刺激就必然是多样的，这对孩子大脑的发育、智力的发展都具有非常有益的作用。正因为孩子还不具备独立适应环境的能力，所以需要家长的陪伴，并在陪伴的过程中给孩子创设各种物质环境，帮助孩子实现身体的发育和智力的发展。

从智力的发展看，如果没有父母的陪伴，孩子可能永远也无法学会人类社会的各种符号系统和相关的法则。举一个简单的例子，家长指着一朵花对孩子说"花"，如果孩子只有几个月大，他大概只能模模糊糊地看到这朵花，听着父母发出"花"的声音；到了一岁多开始学说话的阶段，他想要发出"花"这个音也还需要很长一段时间的学习。孩子可能先发出的是"wa"或者"a"的声音，慢慢地才向"花"这个音过渡。在这个过程中，孩子会通过眼睛不断观察、通过手来接触、通过鼻子或者嘴巴来品味，感受花是什么，当然更多的是听着陪伴自己的人关于"花"的介绍和讲述，最终才能发出"花"这个音。这一过程告诉我们，孩子的认知是通过外界的参与而构建起来的，如果没有父母的陪伴和用心参与，孩子的智力发展就会受到阻滞。

智力和情感是儿童心理的两大支柱。儿童的成长，既体现在智力发展上，也同步体现在情感的不断丰富上。心理学对情感的定义是：它主要包含安全感、身体以及心理上平和愉悦和舒适的状态。孩子所依赖的精神环境，最为主要的就是这安全无忧的环境。安全感会使孩子身心充满活力，促使他在愉悦的环境下成长并呵护他探索世界的好奇心。而没有安全感的孩子，做起事来畏手畏脚，先要建立一个防御体系，将自己包裹起来，免得自己在行动的时候受伤害。也因为这个原因，他往往不大愿意主动去探究。

还是拿认识"花"这件事情来说吧。孩子很希望在各种环境中增强对"花"的认识和理解，比如给孩子购买的绘本中有花，家中的挂历上有花，周围的绿化中有花，果树的枝头上有花……当孩子看到这些花的时候，他想自己去体验一番，或许会把绘本、挂历给撕破了，或者被树上的刺划破了手。父母面对这些事情，如果大惊小怪，把孩子狠狠地臭骂一顿，甚至还动了手，而且每次都这样，孩子在认识世界的时候就会产生不安全感。

这让我想到了黑柳彻子（Tetsuko Kuroyanagi）在《窗边的小豆豆》一书中讲述的自己小时候的一个故事。每天放学后，小豆豆很喜欢到用铁丝网围着的果园里去玩耍，而进出的方式就是趴在地上，屁股朝上，一点点地倒着进入或者离开果园。因为铁丝网离地比较近，每次都会将她的裙子或者裤子刮出一个个的口子。小豆豆的母亲为此每天都要为她补衣服，但她从来都不怪罪孩子，只是好奇地问为什么总是屁股后面的衣服被刮破。正是因为小豆豆的母亲以及巴学园为她创造了这样安全无忧的环境，才成就了她的精彩人生。

陪伴孩子成长，不是一件容易的事情，需要家长和教师用心对待。

03 关系第一

一说起关系，我们立刻就能联想到很多，如师生关系、生生关系、亲子关系、同伴关系、干群关系、邻里关系……马丁·布伯（Martin Buber）被尊称为20世纪最伟大的哲学家之一，他哲学观的核心即"关系本体论"。"关系是世界的本质"这一观点对人类各类关系的建构都产生了非常深刻的影响。

一、构建和谐的亲子关系

1938年，时任哈佛大学卫生系主任的阿列·博克（Arlie Bock）教授觉得，整个研究界都在关心"人为什么会生病、失败、潦倒"，怎么没有人研究"人怎样才能健康、成功、幸福"？于是他提出了一项雄心勃勃的研究计划，打算追踪一批人，从青少年到人生终结，关注他们的高低转折，记录他们的状态境遇，最终将他们的一生转化为一个答案——什么样的人，最可能成为人生赢家。

这项研究因为最初的赞助者——慈善家威廉·格兰特（William Grant）而被称为"格兰特研究"。研究选择了268名从1939年到1944年间正在哈佛就读的本科生作为研究对象，每隔2年，这批人会接到调查问卷；每隔5年，会有专业的医师去评估他们的身心健康指标；每隔5~10年，研究者还会亲自前去拜访这批人，通过面谈采访，更深入地了解他们目前的亲密关系、事业收入、人生满意度，以及他们在人生的每个阶段是否适应良好。

这项持续 80 多年的研究告诉我们，以下因素不太影响"人生成功"：最早猜测的"男子气概"没用，智商超过 110 后就不再影响收入水平，家庭的经济、社会地位高低也影响不大，外向内向无所谓，也不是非得有特别高超的社交能力，家族里有酗酒史和抑郁史也不是问题。

爱、温暖和亲密关系会直接影响一个人的"应对机制"。一个活在爱里的人，在面对挫折时，他可能会选择拿自己开个玩笑，和朋友一起运动流汗宣泄，接受家人的抚慰和鼓励……这些"应对方式"能帮一个人迅速进入健康振奋的良性循环。反之，一个"缺爱"的人，遇到挫折时往往得不到援手，需要独自疗伤，而酗酒吸烟等常见的"自我疗伤方式"，则会造成不良的后果。换句话说，温暖亲密的关系是美好生活最重要的开场，不论你今年几岁，都有机会在爱里获得重生。

这一研究成果对家庭来说意义重大。每个父母对自己的孩子都有一定的期许，希望他健康，希望他有好的成绩，希望他将来能找到一个好工作，希望他成为人生赢家，等等。但在孩子成长的过程中，有比这更为重要的事情要做。学会与人和谐相处，养成博爱、善良、具有同情心等良好的品行，才是让孩子赢在未来更重要的基础。现在的很多孩子平时在家中备受宠爱，对什么是真正的"爱"缺乏理解和体验，也很难把握"爱"的真谛。如何在家庭中构建良好的亲子关系，让他们正确识别爱，善于助人并知道如何求助于人，知道什么是尊重，学会理解和沟通是家长要特别关注的。

父母和未成年子女之间的关系是孩子成长中最为重要的关系。亲子关系的好坏，直接影响孩子的性格形成、品质培养、意志磨炼、与人交往模式的建立等。正如毕淑敏所说："好的关系，像是一罐新鲜的牛奶，芳香醇厚极富营养，可以滋养生命从幼小走向壮健。"[①] 亲子关系涉及

---

① 孙云晓. 和谐的亲子关系是最好的家庭教育 [N]. 中国妇女报，2018 - 09 - 30 (2).

的内容很多，如果逐一罗列并仔细分析，完全可以写出一本书来，但归纳起来又很简单：做父母的首先自己要成为一个好人，同时要带领孩子成为一个理性而富有感情，有礼有节的人。让孩子借由与父母之间的良好关系，感知、理解生活的艰辛与美好。

二、关系的种类

虽然我们可以罗列出各种各样的关系，但马丁·布伯告诉我们，世界上的关系其实只有两种，即我与你，我与它。

当我们带着一个预期的目的去和一个对象建立关系的时候，这个关系即"我与它"的关系，不管这样的目的看起来是多么高尚、多么美好。家长为了让孩子能好好学习而努力和孩子之间进行互动，教师为了让学生考出好成绩而设法和学生良性互动，单位为了完成一个项目而将部分员工组建成一个团队……在所列举的这些关系中，家长、教师、单位的领导所具备的共同特点，即都将对方看作实现预期目的的工具。孩子是家长表达爱的工具，学生是教师表达关心的工具，员工是领导鞭策和鼓励的工具。

人为了满足自己的生存与需要，总会将其他人以及整个社会看作实现自己所谓美好目标的对象和工具。于是，首先就是要设法和周围的一切事物保持适度的距离，让它们与"我"相分离，成为"我"的客体。在这个基础上，将"它"看作自己认识世界、认识自我的工具，通过"我"与"它"的相互作用，不断丰富自己的知识和经验。从这个意义上看，"我与它"之间的关系是普遍的。但世界上如果只有这样的一种关系，有时也是很可怕的。那些极端的事件之所以会不断发生，就是因为当事者总是将他人或者世界看作是自己的工具的缘由。

那"我与你"的关系呢？马丁·布伯认为，当"我"放下预期和目的，而以"我"的全部本真与一个人或任一事物建立关系时，"我"就会与这个存在的全部本真相遇，这种没有掺杂任何预期和目的的关系，就是"我与你"的关系。也就是说，"我与它"的关系无处不在，而"我与你"的关系往往产生于某一瞬间。但正是这样的瞬间，让生命拥有了意义。

这让我想起了十多年前在斯德哥尔摩的一个下午。我作为领队和高三毕业班的老师去瑞典旅游，那天下午是自由购物的时间，大家纷纷前往商场超市购买自己心仪的物品，我却踱步来到了一座教堂。我没有宗教信仰，也没有任何目的，但就这样坐在连排椅上，静静地欣赏着教堂内的一切，从穹顶到廊柱，从彩色的大玻璃窗到一级一级整齐的长凳，从唱诗班天籁般的歌声到高处神像的静静临视……我竟然在那里待了几个小时，和这座教堂产生了同频共振的关系。现在回想起来，在瑞典去过的城市、参观过的景点印象都已经不深了，唯独这座教堂、那动人的乐曲还经常出现在我的脑海之中。我和这座教堂之间的偶遇，或许就是马丁·布伯所说的"我与你"的关系吧。

三、关系是核心

在马丁·布伯看来，单独的"我""你""它"都是不存在的，只有在"我与它""我与你"的关系之中，它们才有意义。

马丁·布伯通过对人类早期关系的研究，对关系的发展演变进行了分析。在他看来，自从有了人类，人与人、人与世界万物之间的关系即同步产生了。从人与人之间的关系看，最初一定是"我与你"的关系，那时的人类应该尚处于"集体无意识"阶段。之后，在不断的互动过程中，自我意识慢慢觉醒，人类从"我与你"的关系中发展出了"我"，再由"我"的需求、欲望发展出了"我与它"的关系，并最终发展出了"它"。关系是真实人生之唯一摇篮。

其实不管是"我与你"还是"我与它"，最重要的核心并不是"我、你、它"，而是"与"。从语法上看，"与"在此是一个连词，但如果放到关系的视角来看，则是一个动词、一个动作、一种动态。"与"

是遇见，是对视，是交流，是触碰，是抚摸，是所有产生联系的总和。人与人之间建立起来的必不可少的亲密关系，就是因为"与"的发生和参与。之所以会有"我与你""我与它"的区分，取决于人在凭借"与"建立联系的过程中，自己是否抱持着某种欲望和目的。

马丁·布伯将自己对关系的研究写成了一本书《我与你》，在书中有这样一句话："凡真实的人生皆是相遇。"① 这里的"相遇"就是"与"。这实在是一句值得仔细玩味的话语，诗意和哲理的感觉在念出这句话后油然而生。很多人在生活中都会经历一些非同寻常的时刻。比如，在青藏高原看那天高云淡的澄明，在天涯海角聆听海浪拍岸的巨响，躺在柔软的草地上感受阳光的沐浴，和友人对谈的时候那种心领神会的惬意……这样的一些时刻会让自己久久回味，难以忘怀。明明都是大家司空见惯的景象，明明都是生活中最为寻常的时刻，但自己会觉得无比珍贵。因为在那样的时刻里，你与眼前的人或物，真正地建立了关系，真正地相遇了，而不是仅仅把它们看作达成目标的工具。这种真正相遇的状态，就是"我与你"关系的表现。

四、关系的本质是爱

爱是什么？要想给"爱"下一个定义似乎是一件比较困难的事情。但我们可以反过来看看什么不是爱。

你说你爱豪车，爱时尚物品，爱美女或者帅男，如果你所追求的仅仅停留在物质与肉体的本能上，那不是真正的爱；你说你喜欢观看足球比赛，喜欢阅读，喜欢给自己创造欢愉的时刻，如果你仅仅期望获得自身的满足与幸福，那不是真正的爱；你说你关注所爱事物的一些细节，担心它在与你互动的过程中被损伤，尽管你已经开始注意你与被爱之物的关系，但那关系还仅仅停留于物质的交换上，那也不是真正的爱。

---

① 马丁·布伯. 我与你 [M]. 陈维纲，译. 北京：生活·读书·新知三联书店，1986：27.

爱不会附着在"我"身上，把"你"视作内容和对象。那些张口闭口就对他人说"我爱你"的人，他所表达的不是真正的爱。爱存在于"你"和"我"之间。爱意味着自由的实现，并确保了"我"和"你"各自的自由和主体性，不受任何因果关系的制约。自由的人不会有专断的欲求，他相信事实，相信"我"和"你"真实存在，也相信两者之间存在真实的联合。没有"我与你"的关系，爱是无法想象的，同样地，没有爱，"我与你"的关系也是不可能存在的。爱要求相爱者整体的参与，相爱者相遇在这样的整体之中，并由此连接，构成"我们"。

马丁·布伯认为，关系的本质要素是爱，爱是最高的超越性原则。只有在爱的关系活动里，在现世生活的对话关系性活动中，个体和团体才能真正超越个体特殊性的界限，才能超越所有苦难的记忆和仇恨的深渊，才能带来各民族精神传统在对话中真正的复兴和自我超越，才能带来人类的和平、正义和统一。可以说这是布伯一生的追求，也是他全部思想的归属。

04　依恋的重要性

在陪伴孩子成长的过程中，你是否遇到过这样的境况？让他写作业，他说要先玩一会儿；让他来吃饭，他说要等一会儿；让他去洗澡，他说还有事没做好；让他去睡觉，他说还要看一会儿书……你给孩子发出的各种指令，到了他那边都变了样，原本想和他好好相处，可这一件件事情总是不断地挑战自己的底线和耐心，总有忍不住要爆发的冲动。其实，这一系列问题的背后，都源于你和孩子之间的依恋关系出了问题。

儿童行为心理学家戈登·诺伊费尔德（Gordon Neufeld）通过 40 多年的研究发现：父母看到的是孩子逆反、攻击、欺凌等行为问题，但却没有看见行为背后的内心渴求、方向迷失。亲子之间的依恋关系是家庭教育的根本，当孩子的内心不被父母看见时，亲子关系就会逐渐破裂。亲子关系的疏离促使孩子不再依恋父母，而是反抗和拒绝父母，让父母的教养工作变得难上加难。

一、依恋是心理的脐带

依恋是一种引力，它吸引着两个个体互相靠近，并彼此吸附。人与人的依恋，是指一个人在身体、行为、情感和心理方面，想与某个特定的人保持长久的亲近和联系。这种引力很像地心引力，肉眼看不见，但维系着我们的生存。

对孩子来说，依恋是不可缺少的生存要素，因为孩子无法独立生活，必须依附成年人。就像生长在子宫中的胎儿通过脐带和母亲建立联系那样，依恋关系就是孩子与父母之间的心理脐带。这种关系如果不被看见，所有的爱都无法有效地传达。

发展心理学家把依恋关系看作养育子女的根基。每一个刚出生的孩子都本能地信任抚育者，相信父母有能力照顾自己，可以与父母亲近，建立某种联结。只要有可能，他们总是抓住父母不放，想让父母抱着，并逐渐从身体上的密切接触升华为感情上的亲近，并最终演化为心理上的亲密。无论是孩子还是父母内心的情感，双方都可以看得见。孩子能感受到这种亲密关系，并认可这种关系，这是一种原生的依恋关系。有了这样的关系，孩子就愿意接受父母的教育，并在父母指引的方向上茁壮成长。

父母和孩子之间的这种原生依赖关系，是孩子健康成长的基础。除了这样的原生关系之外，孩子还将发展出另外两种依赖关系：

一种是派生的依赖关系。大多数婴儿从六个月左右开始，就会对陌生人产生抗拒，用俗语来说就是"孩子开始认人了"。他们可能又哭又闹，就是不让来访者接近，有时还会让来访者略显尴尬。怎样帮助孩子和来访者建立起友好关系呢？一个简单的做法就是父母先和来访者友好地互动一段时间，让孩子观察自己信赖的父母和来访者之间的关系，慢慢地，孩子抵抗的心理就会逐渐减弱，学着接受来访者，并与之建立起派生出来的依赖关系。从原生依恋关系派生出来的依恋关系，通常会让父母和孩子之间的原生依赖关系更加牢固。在这个过程中，孩子接触的范围越来越广，认识和接纳的人也越来越多了。

另一种是替代的依赖关系。现在的社会，工作的节奏日渐加快，年轻父母照顾孩子的时间和精力越来越少。很多孩子长时间不在父母身边，和父母沟通交流的机会越来越少。这对孩子的成长来说是一件非常危险的事情。当孩子的内在情感和需求父母看不见，也没有给予及时的回应时，父母和孩子之间的依赖关系就会出现裂缝，甚至直接断裂。这对孩子来说是一件很可怕的事情。他们尚且无法独立生活，无法忍受依恋的空缺，需要有人不断地指引方向。在父母不能承担责任的时候，孩子就会自己去找替代品，也就是能弥补空缺的人，同伴自然成了最佳人选。这就像一个迷途的羔羊，急着要找寻一个人作为航标，以此缓解没人引路而带来的恐惧和焦虑。问题是，同伴和自己是同龄人，他自己都无法为自己确定方向，又如何能引导别人？而且同伴之间的关系还是非常微妙的，要么去做这个群体中的"头"，要么就要按照这个群体中的规矩老老实实地待着。一旦孩子在同伴这里找寻到了依恋关系，哪怕这种关系比不上与父母之间的原生依赖关系，孩子也会义无反顾地维护这种替代的依赖关系，甚至不惜和父母恶语相加，对抗到底。他们的这种行为背后，其实就是在提醒父母，原生的依赖关系出了问题。如果父母看不见问题所在，采取更加严厉的举措来管教孩子，那只会进一步加剧原生依赖关系的破裂。

具有同伴之间替代性依赖关系的孩子是很难成熟的。在他们生活的世界中，依恋是极为有限且肤浅的，他们认为的最安全的方式，就是追求和别人的共性。为了保持与同伴的接触，他们会竭尽所能地寻找和同伴的共同点，尽可能地在外貌、行为、思想、喜好和价值观上与同伴一致。这样的环境会导致孩子在成长中问题频发。一个典型的例子就是，孩子的自杀率呈现了惊人递增的态势。很多人认为孩子自杀的最大诱因是被父母拒绝或忽视，但事实并非如此。有些孩子自杀并不是因为父母，而是因为受不了同伴对待自己的方式。孩子受同伴的影响越大，当他遭遇同伴的冷漠、排斥和孤立时，受到的伤害也就越大。

二、缺失依恋关系的孩子易出现的症状

如果和父母之间的原生依恋关系缺失，孩子在成长的过程中经常会出现如下几种不同的行为和症状：逆反心理，逃避感受，外表成熟得像

大人、内心幼稚得像儿童的"学龄前综合征"，沮丧感和攻击性，欺凌或被欺凌，扭曲的性意识，学业成绩不佳，出现社交障碍等。

逆反心理是大自然为孩子设置的一道防护栏，这道防护栏会一直保护他们，直到他们足够成熟，可以抵抗外力的作用。逆反心理对孩子的发展起着双重作用。作用之一：逆反心理是一道屏障，它能帮助孩子抵制依恋对象以外的人，保护孩子不受陌生人的误导和控制。如果孩子依恋的是自己的父母，那没有什么问题；如果孩子依恋的是同伴，那么问题就来了。这些孩子在面对父母的时候，会有各种反抗的表现，如顶嘴、不配合、不断争吵、不服从、躲避、自我封闭、反社会和叫嚣"你管不了我"等等。依恋关系不能从同伴之间转回到亲子之间，这样的逆反心理就很难消除。作用之二：逆反心理促进孩子自我意志和自主能力的发展。到了青春期，逆反心理会帮助孩子减少对家庭的心理依赖。一个人想知道自己需要什么，首先要知道自己不需要什么。借助逆反心理培养自我意志，是孩子自我发展的一种需求。通过屏蔽父母的期望和要求，逆反心理为孩子培养自我意志创造了空间。这样的逆反心理是一种正常的反应。因此，当父母发现自己的孩子有逆反心理的时候，区分它们属于哪一种类型也是非常重要的。

"学龄前综合征"也是依恋关系缺失最常出现的症状之一。罗伯特·布莱（Robert Bly）在《手足社会》一书中提到，成年人不成熟的现象在我们的社会中极其普遍：人们都懒得长大，就像在一个都是半成年人的池塘里游泳的鱼。造成这一现象的原因有很多，但其中最主要的就是亲子关系的缺失。因为亲子关系的缺失，孩子在同伴身上花的心思越来越多，孩子气越来越重，也就难以成熟。甚至可以说，在任何情况下，只要是与父母关系疏离的孩子，都是无法变得成熟的。有些父母在培育孩子成长的过程中，总是急不可耐地要把孩子向外推，让他去和同伴多接触、多交流，以此培养孩子的独立生活能力。但父母没有搞明白，助力孩子成熟的关键是要满足他们的依恋需求。要让孩子变得独立，必须先让他们学会依赖；要让孩子有个性，必须先给他们一种归属感和共存感；要让孩子适应离别，必须先承担起和孩子保持亲密关系的责任。类似的还有，要让孩子学会舍弃，必须更多地满足孩子的亲近需求；孩子想要拥抱，我们就要比他期待的更热情地拥抱。成熟是一个充满矛盾的过程，真正的独立和分离恰好始于依赖和依恋。

欺凌总是发生在同伴之间。《纽约时报》报道的一项研究表明，孩子和同伴在一起的时间越长，离开父母的时间越长，就越容易出现欺凌的行为。青少年每周离开母亲的时间如果超过 30 个小时，则有 17% 的概率会变成欺凌者和捣蛋鬼。相比之下，每周的日托时间不超过 10 小时的孩子，只有 6% 的可能性会出现这种情况。欺凌是人类情感脑区中两种最重要的心理动力——依恋和防御心互相作用的结果。欺凌者最大的希望，就是自己能依赖一个成年人，而且这个成年人也愿意满足他的情感需求。他们强硬的外表下，实际上是一个饱受创伤、极其孤独的孩子，一旦遇到真正关心自己的成年人，他们强硬的外壳就会瞬间软化。依恋的基本特征，就是让父母是父母，孩子是孩子，保证自然的等级关系，这在同伴之间是无法实现的。当他们中的一些人渴望主导权，却缺乏担当意识时，就会变成欺凌者。面对同伴的需求，他们不是满足，而是贬低；面对同伴的弱点，他们不是保护，而是利用；面对同伴的脆弱，他们不是帮助，而是嘲讽；面对同伴的残疾，他们不是担心，而是取笑。真正能改变欺凌者的唯一方式，是扭转欺凌背后的动力，即让他们重新融入一段健康的依恋等级关系，放下戒备心理，满足他们的依恋饥饿。

三、唤起孩子的依恋本能

依恋关系是一切社交关系运转的基础，忽视这一定律，会让各类关系都陷入困境。孩子天生会想和父母亲近，主要靠的就是依恋。只要依恋能正常发挥作用，父母就能凭本能完成养育子女的使命。孩子在成长过程中的问题就是关系的问题，而在依恋关系出现问题时，不要试图控制孩子，那样只会适得其反，关系的问题只能在关系中解决。

建立依恋关系有六种形式，包括感官上的亲近、追求共性、占有和保持忠诚、寻求重要性、付出情感、渴望被理解等。如果父母和孩子之间的依恋关系原本还不错，可以从这些方面进一步丰富和完善，让这种良好的依恋关系更加稳定。

当父母和孩子之间的依恋关系出现裂痕甚至已经断裂时，唤醒孩子和父母之间的依恋本能就是至关重要的。以下四个步骤值得借鉴：第一步是父母要能吸引孩子的目光。父母和孩子之间的关系有点类似恋人之间的关系，刚开始追求的时候非常殷勤，总是想方设法去讨对方的欢心，但在恋情稳固后，就不会再有追求时那样的讨好举动了。这种疏忽，在成年人的恋爱关系中可能仅仅是个错误，但在亲子关系中却会带来严重的后果。父母需要在日常生活中，时刻习惯和孩子联络感情，每一次分离，都需要用情感联结让孩子重新归巢。孩子也需要和父母进行情感联络，这是孩子的永久需求，父母必须意识到。第二步是给孩子一些可以抓住的东西。抓手指这个简单的动作，完全是一种无意识的互动，是在培养婴儿的依恋本能，让孩子去抓紧对方。这一行为表面上是婴儿抓住了成年人，但本质上是孩子和成人建立了情感联系。而提供给孩子最好的、能抓紧的东西，就是让孩子感觉我们非常喜欢和他相处。我们可以用各种方式表达我们的喜悦之情，比如手势、语言、符号或者行动。第三步是鼓励孩子依赖。自然界自有更替，没有谁能为了春天而拒绝冬天，就好像我们不能为了让孩子独立就拒绝让他们依赖我们。只有依赖需求得到满足后，孩子才会踏上真正的独立之路，而拒绝孩子对我们的依赖，则阻碍了他们的独立，让独立的进程受阻。第四步是做孩子的航标。父母必须扮演航标的角色，充当孩子的向导。不要等着他们出现困惑才去引导他们，而是要自信地担当起他们的人生向导和诠释者的角色。

看见就是回应，回应就意味着孩子被看见。没有回应，孩子就像生活在黑暗中，什么也看不见。有回应就像一缕光，照亮了孩子的世界，让孩子感受到了被爱、被理解和被看见。每个孩子都需要被看见，父母为此需要再学习、再提高。

05 父母的教养方式

所谓父母的教养方式，指的是父母在抚养、教育孩子的整个过程中形成并发展的一种方法和形式，并且具有相对稳定的行为风格。

一、四种教养类型

俗话说，"有其父必有其子"。父母以怎样的理念和方式教养孩子，孩子就会成为怎样的人。父母是孩子的第一任教师，也是不可替代的教师，父母的教养方式对子女的个性发展起着至关重要的作用。

美国加利福尼亚大学教授、心理学家戴安娜·鲍姆林德（Diana Baumrind）对父母的教养方式曾进行了为期十年的研究，并将父母的教养方式分为权威型、专制型、溺爱型、忽视型四种类型。她的研究已经成为发展心理学史上具有里程碑意义的经典研究之一。

1. 权威型

这类父母懂得孩子身心发展的基本规律，对孩子的成长有明确而合理的要求和行为目标，并会通过沟通等渠道和孩子进行讨论，愿意接纳孩子的观点并给予回应。在明确相关的要求之后，他们能坚持原则，对孩子不合理的任性行为加以限制，并督促孩子努力完成既定的计划。这类父母的民主意识比较强，平时会征求孩子对家庭事务的意见，努力"看见"孩子的需求，以合理、民主而非盛气凌人的方式去引导孩子。

这种既严格又体现民主、关心的教养方式，很容易被孩子接受。孩子生活在其中，会逐渐养成自信、乐观、宽厚等良好的品性。

2. 专制型

专制型的父母，经常按照成人的标准要求孩子。这类家长受社会价值观的影响比较大，总希望自己的孩子将来能在这个变化的社会中出人头地，成为"人上人"，所以会给孩子提出很多要求，制订很多规则，并强迫孩子严格遵守。通常情况下，父母不会向孩子解释这些要求和规则，只是要求孩子按照自己的意图去做，并接受父母所给予的一切。如果孩子不能实现父母的期望，就会遭到各种类型的惩罚，包括谩骂、殴打等。在这样的家庭环境里成长起来的孩子，在性格上往往表现出对抗、自卑、焦虑、依赖等特征，直接影响到孩子今后一生的成长。

3. 溺爱型

父母眼中的"小皇帝""小公主"，大多就生长在溺爱型的家庭之中。因为独生子女的缘故，一个家庭中经常是六个成人关照一个孩子，孩子备受"宠爱"。在这样的家庭中，父母对孩子的要求很少，对孩子的限制也很少，孩子有什么样的需求基本上都能得到满足。这是一种放纵式的教养方式。放纵会导致孩子在成长过程中表现出任性、冲动、幼稚、自私的性格特征，一旦进入校园生活，发现他人不像家庭成员那样顺着自己的时候，内心的落差会非常大，容易在心理上出问题。另外，这种类型的孩子做起事情来也缺乏恒心和耐心，容易半途而废。

4. 忽视型

有不少家庭，父母或因为工作很忙，平时无暇照顾自己的孩子；或因为长期外出务工，无法将孩子带在身边，只能将其托付给家中老人。父母和孩子之间连见面的机会都很少，更别说建立良好的亲子关系了。因为不能陪伴在孩子的身边，所以父母很难觉察到孩子各种内在的需求，对孩子针对性的养育和指导也就谈不上了。这样的教养方式对孩子的成长最为不利，容易导致一些孩子在 3 岁的时候就表现出较高的攻击性和易于发怒等外在的问题行为。更为严重的是，这些孩子在上小学以后，有较大比例的孩子学业表现会非常差，在儿童后期更可能表现出行为失调。今天引起大家关注的"留守儿童"问题，就是最为直接的体现。

一项关于儿童早期大脑发育的研究发现，儿童早期的生活经历会对大脑产生永久的影响，会改变大脑的容量和结构。那些生活环境比较恶劣、营养不足的孩子，以及经常被父母打骂或者被父母忽视的孩子，在成长的过程中会出现大脑的杏仁核、海马体等发育迟缓问题。而每一个阶段都有发育的重点，所以这样的发育迟缓问题是不可弥补的。父母的教养方式是孩子产生心理问题和行为问题的根源，对此我们要有清晰的认识。

二、以身示范

贾容韬，原来是自己创办的企业的负责人，工作上做得有声有色。但在十多年前，他遭遇了一次人生的重大危机。他的儿子沉溺于网络游戏，学习成绩倒数第一，数次参与打群架，两次被学校劝退；他的婚姻关系也濒于破裂，夫妻因长期"背靠背"到要离婚的地步；他的身体也亮了黄牌——患上了比较严重的神经官能症。在深入反思的基础上，贾容韬做出了一个令人吃惊的决定：关掉自己辛苦打拼建立起来的企业，专心陪伴孩子读书。

这绝对是一个艰难的决定，但贾容韬义无反顾。他意识到，没有比家庭、比孩子的成长更为重要的事情。孩子身上出现的问题，根源在家庭。是因为自己做父亲不合格、家庭不和睦才导致孩子逆反，要通过沉溺于网络、打群架等方式来表达对家庭的不满；是因为自己不懂教育、用错误的方法教育孩子才把孩子推向了这一步。

了解到孩子沉溺于网吧时，贾容韬也像很多父母一样满腔怒火，不仅在家里进行教育，还跑到学校里教育孩子，曾出现两人在操场上你追我赶、全校师生一起看"风景"的情景。但这样并没有让他的儿子有所收敛，反而使其变本加厉，窝在网吧里彻夜不归。

正是一次次类似的失败教育经历，让贾容韬意识到不能一味责怪孩子，自己也要有所反思。只要父母能真正守住自己的心，孩子的心就不会走远。家庭教育中出现的任何问题都能从父母身上找到原因，都是父母德行不够、智慧欠缺、说话艺术不高所致。只要父母真正理解孩子、善待孩子，孩子就会以懂事和进步来回报父母。

必须先改变自己，才有可能改变孩子。于是，贾容韬开始尝试从一个专制型的喜欢自己说了算的家长向民主型的家庭成员方向转变，从信奉"棍棒底下出孝子"的传统向尊重孩子的人格方向转变，从每天忙于工作和应酬向坚持阅读和写作的方向转变。对于贾容韬的这些转变，孩子都看在眼里，自然也随之发生转变了。

贾容韬是一个意志坚定的人。为了改变孩子，他坐在久违的书桌前，读书，写字，修身养性，提升自我，重新学习做一名合格的父亲。在此后的几年时间里，这位父亲坚持读了近千册的各类书籍，写了100多万字的读书笔记，出版了《真的不是孩子的错》《中国家教原则》等教育专著，并被共青团中央聘请为戒除网瘾专家，被中央文明委授予"全国未成年人思想道德建设先进工作者"荣誉称号，被中国家庭教育学会评为"中国家庭教育十佳公益人物"。

西方哲学界有一个非常著名的"吸引力法则"，其核心内容是：你关注什么、关心什么，就能把什么吸引到你的周围；你在乎什么、聚焦什么，就最有可能得到什么。对一个家庭来说，如果你将孩子的健康成长作为头等大事，放在最为重要的位置上，就应该倾尽全力关注对孩子的教育。在孩子的成长和你个人的发展出现矛盾冲突的时候，首先确保孩子的成长；在自己的意见和孩子的意见不一致的时候，能平心静气地听取孩子的想法。在家庭生活中营造出学习型家庭的浓郁氛围，才能为孩子创造良好的环境。

根深蒂固的中国式传统思想对家长的教育行为影响很大。在中国人的传统观念中，孩子是父母的私有财产，父母对其享有绝对的支配权。

正是因为自认为对孩子有绝对的支配权，所以就会有家庭暴力的行为存在，就会有父母将自己的意志强加给孩子的行为出现，就会有家长不断逼迫孩子的现象出现……

家庭暴力包括身体上的和心理上的。身体上的暴力是一时的，心理上的暴力则影响人的一生。如果有人拿小刀在孩子身上划出一道印，即使没有出血，家长也会和他急，甚至会和他拼命。但令人痛心的是，不少家长天天往孩子心上捅刀子，自己却麻木不仁，熟视无睹。这样的冷暴力，对孩子的摧残更加严重。

很多家长常犯的错误是：主观臆断，以己度人。以自己的人生经验衡量孩子，以自己的知识结构要求孩子。他们喜欢把自己的意志强加给孩子，认为自己吃过的盐比孩子吃过的饭多，自己走过的桥比孩子走过的路多，按照自己设计的路线去走才是最佳的方案，从来不听孩子的想法。但家长没想明白，孩子在心里不服气的情况下，是不愿意就范的。这就像一只皮球，拍打的时候越用力，反弹得就越高。

学习，是孩子自觉自愿的行动，在他人强迫的前提下是很难学好的。可很多家长就是不明白这个道理，千方百计敦促孩子好好学习，结果又常常大失所望。这是因为家长的教导、告诫中加入了强制的成分，包含了"任务"的因素。孩子把学习当作为父母完成的"任务"，产生了一定的"苦役感"，学习起来就没有那么甘心情愿了。

三、育儿于潜移默化中

每个孩子都有很强的学习力。儿童阶段是孩子学习欲望、生长欲望最为高涨的一个阶段，孩子会不加选择地吸收环境中的一切。家长给孩子树立怎样的榜样，孩子就会学着怎样去做。父母所营造的家庭氛围，他们的品行、人生观、价值观，一个小动作、一个微妙的表情，甚至是他们的生活方式，都在对孩子进行着潜移默化的教育。

教孩子一种积极的生活态度。一个人如果将注意力放在积极的方向，他的各方面就会加速发展，从而达到新的高度。拥有积极的人生态度，首先得学会自我调整。孩子身上的很多问题，根源都在家庭。面对问题的时候，不要总是抱怨孩子，首先要检点自己的行为，自己先做出改变。比如看到孩子在一段时间里喜欢发脾气且爱摔东西，自己就要分析是否是自己脾气不好而影响了孩子。其次要准确定位自我，脚踏实地。认定一个目标，坚持不懈地去努力，就会离目标越来越近。让孩子脚踏实地地将一件事情做好，拥有一项技能，这能给孩子带来很大的自信。而练就的要诀就是不断坚持，不轻易放弃。再次要自我挑战，厚积薄发。没有一件事情是可以随随便便做成的，在实施的过程中，总会遇到各种困难和挑战，总会产生打退堂鼓的念头。如果父母能为孩子树立良好的榜样，并不断地鼓励孩子坚持下去，孩子在这一经历中所积累的经验将成为他人生的一大财富。

教孩子解决问题的方法。俗话说，"授人以鱼不如授人以渔"。一个问题，总归由现状、目标、现状和目标之间的距离三个要素组成。明确我们知道什么，我们想要什么，通过怎样的路径可以达到我们的目的，在解决问题的过程中就能够有的放矢，举一反三。父母不一定要给孩子讲述这些道理，但可以通过一个个具体的事例示范给孩子看，让孩子知道方法的重要意义。在成长的道路上，孩子的眼光总是聚焦在父母身上。父母学习新知和解决问题的方式无形中会被孩子学习并加以运用。

帮助孩子辨认自己的情绪状态。在日常生活中，孩子除了模仿父母的言行举止，还模仿他们面对挫折的态度、管理情绪的方式以及处理问题的技巧。为人父母，首先要管理好自己的情绪，不要火头儿一上来就不顾一切，对着孩子大喊大叫，甚至大打出手。当孩子出现情绪问题时，要引导孩子辨认自己的情绪状态：一方面，让孩子明白不良的情绪状态需要自己加以处理；另一方面，要让孩子学会换位思考。榜样的力量越大，孩子情商的培养就越好。

学会认真对待孩子的言行。父母通常都很忙，家庭的生活压力、工作上的负担常常让自己喘不过气来，在面对孩子的时候也往往缺乏耐心。但缺乏耐心，不认真倾听孩子的想法，草草地应付孩子，最后反而更容易生出万般无奈甚至一腔怒火来。培育孩子就像做农活，过了这个时节再努力也收效甚微。父母做一个好榜样，家庭教育中的问题才会少很多。

最好的父母是将教育孩子当作一门学问或者一项事业，最差的父母就是一心一意做孩子的取款机。榜样的力量是无穷的。父母为孩子树立良好的榜样，孩子这辈子离幸福就不会太远。

06 学会自我管理

什么是真正的教育？苏霍姆林斯基说："我深信，只有能够激发学生进行自我教育的教育，才是真正的教育。"① 教是为了不教，说的也是这个意思，要通过教育让孩子学会自我教育，养成自主学习的良好习惯，以便在日新月异的社会里如鱼得水般地工作和生活。

一、自觉是核心

自觉就是自己有所认识而主动去做，或者说自己有所察觉且愿意去完成某项任务。自觉的人，不管自己身在何处，要做的是怎样的事情，都会充满敬畏之感，提醒自己按照待人处世的基本准则将事情办好。

不自觉的人有两种：一种人无论何时何地都不知道约束自己；另一种人极具两面性，在有监督的情况下才勉强约束自己，一旦没有监督，他们就会完全由着自己的性子和喜好去行事。后面这类人是大多数，在我们的周围随处可见。

自我管理的核心是自觉。也就是知道自己在什么时候应该做什么，无论面对多大的诱惑，都会自觉完成既定的计划。

如果面对的是一项在有限时间内就能完成的具体工作，我想很多人

① 苏霍姆林斯基论自我教育［J］. 内蒙古教育，2015（25）：31.

是能克服各种诱惑，集中精力自觉自愿地将工作完成的。但学习不一样，这是贯穿人的一生的历程，而且在十几年的学校生活中，学习就是最主要的任务。学习本身不是一件轻松的事情，要面对各种各样的学习任务的挑战。当现实中各种有趣的事情、各种闲适的生活诱惑着自己的时候，谁不希望追求安逸、享受的日子呢？有不少学生，无论家长如何逼迫、教师如何严厉，自己就是无法在学习上尽力。其实根源在于不会自我管理，在与贪图安逸、松懈的自我进行斗争的过程中甘拜下风。

由此可见，对孩子来说，学会自我管理是多么的重要。在家长的逼迫、老师的严格要求下所做不到的事情，自我管理可以做到。为了培养孩子自我管理的习惯，可以经常引导孩子思考下面三个问题：

第一，我的目标是什么？

第二，我现在在做什么？

第三，我现在做的事情对我的目标有没有帮助？

干任何事情都要有目标，如果自己所做的事情对实现目标有用，就不断地坚持和强化；一旦偏离了目标，就要及时纠正。经常问自己这三个问题，并不断地调整自己的行为，就是在进行自我管理，同时也在培养自觉的意识。自我管理最需要的，就是自觉的精神和意志力。

二、关键是坚持

《学会生存——教育世界的今天和明天》一书中写道："未来的学校必须把教育的对象变成自己教育自己的主体。受教育的人必须成为教育他自己的人；别人的教育必须成为这个人自己的教育。"① 培养孩子的自觉负责精神和自我管理能力，是每一位家长都应该特别重视的一项工作。但自我管理不会一蹴而就，要通过日常生活中点点滴滴的行为，逐步让孩子养成良好的习惯。

① 联合国教科文组织国际教育发展委员会. 学会生存——教育世界的今天和明天 [M]. 北京：教育科学出版社，1996：200.

大家都知道，母鸡要花 21 天才能孵出小鸡。相关的研究也表明，人至少需要 21 天才有可能养成一个良好的习惯。21 天的时间看起来不算很长，但亲身去做，就会发现这是一件很不容易的事情。人将面临两大敌人：一是"我不行"，二是"我放弃"。

我们最容易做的决定之一，就是还没有开始尝试之前，就先想到这样那样的难处，最后说一声"我不行""不可能"就了事。而很多看上去很难的事情，真正去做的时候，就会发现完全不像自己想象的那样难。所有局限都是从自我设限开始的。我们常常通过这样的自我设限将自己排除在成功的大门之外。

我们常常做的另一件事情，就是"半途而废""我放弃"。刚开始做一件事情的时候兴致勃勃，一旦新鲜的劲儿过了，就开始觉得枯燥和无趣，几经挣扎，放手不干了，等着下一件有趣的事情。看上去整天忙忙碌碌，最后却一事无成。

自我管理的关键在于坚持。认准了一件事，就要坚持不懈地将其做好，不给自己找任何理由和借口。世界上最难的是坚持，但几乎所有的成功都源自坚持不懈的努力。放弃只需要一秒钟，坚持需要一辈子。

为了养成自我管理的良好习惯，父母可以引导孩子每天坚持写学习计划和总结。可以从以下几方面入手：第一，关键词，将当天的主要内容以最精练的语言概括出来；第二，昨日计划执行情况回顾；第三，今日最大收获；第四，今日反思；第五，明日计划。

一个学生每天的学习压力是很大的，还要坚持写计划和总结，这绝不是一件轻松的事情。但只要能一天天坚持下去，就会有意想不到的收获。

三、管理的途径要清晰

通过哪些途径培养自我管理的能力和良好的习惯呢？

在所有需要自我管理的方面，态度是最为重要的。学习归根到底是自己的事情，是为了自身的成长。一些学生遇到自己感兴趣的老师，课程就学得比较好；遇到自己不感兴趣的老师，成绩就一塌糊涂，这本身就是态度不端正的表现。学习既不为家长，也不为教师，是为了自己的发展，为了自己将来走上社会的步履更加坚实。所以学会对自己负责，端正态度最为重要。

在马斯洛的需求层次理论中，安全是生理需求得到满足之后紧接着的第二层面的需求。在马斯洛看来，整个有机体是一个追求安全的机制，人的感受器官、效应器官、智能和其他能量主要是寻求安全的工具。今天的社会，不安全的隐患比比皆是，而家长和教师不可能时时刻刻陪伴在孩子的身边，孩子必须自己管理好自身的安全。我常对自己的孩子说：把自己照顾好是对家庭的最大贡献。其中就涉及安全管理的意识和能力。

我们常说"冲动是魔鬼"，强调的就是情绪对人的影响。当不了情绪的主人的人，往往就成了痛苦的奴隶。处于成长过程中的孩子需要学习的重要内容之一，就是情绪管理。在得意的时候不忘形，在失意的时候少沮丧，这往往需要通过真实体验和不断修炼才能逐渐做到。人是有情感的动物，每天的心情左右着自己的言行。所以要将事情做好，首先要管理好自己的情绪。

一部人类史就是欲望牵引着人类不断进化、不断发展的历史。人的欲望主要由生理的与精神的两方面构成，满足正常的欲望是人类文明的表现。然而，欲望一半是天使，另一半却是魔鬼，一旦失控，就会把人引向邪恶。管理自己的欲望，就是要让自己能抵御各种不良欲望的诱惑，这就需要培养自己的文化判断力。

互动交流是人的一种基本需求。这看上去是一件很简单和自然的事情，但用心观察和体会就会发现并非那么简单。有的人几句话一说，会让原本沉闷尴尬的气氛一下子活跃起来；有的人几句话出口，让原本平和的双方瞬间剑拔弩张。有一句话叫"三思而后行"，即在说话之前，先要换位思考，考虑一下会出现怎样的后果。能在语言方面自我管理的人，一定是善于与人相处的。

不少人是"语言的巨人，行动的矮子"，话说得漂亮，事做得不地道，或者拖拖拉拉，不到最后关头一定完不成任务。因为平时缺少对行动的规划和管理，也没有养成立刻去做的好习惯，所以总给人手脚忙乱之感，做出来的事情也常让人感到不满意。在行动之前，要有一个计划，统筹兼顾各项工作，把时间分配在重要的事情上，以便突出重点，尽可能地减少时间上的浪费。每个人每天都只有 24 个小时，别人每天比你多节约了几十分钟，长时间积累下来，两个人的差距就越来越大了。

广告大师亚历克斯·奥斯本（Alex Osborn）有句名言：经营广告的秘诀在于读懂和把握人性，过了一万年，世界上的许多东西都会有变化，但恐怕人性不会有大的变化。所以，你要把研究人性当成人生的必修课来学习。他讲的虽是广告，但对孩子的学习也有同样的借鉴作用。舍得付出、善于接受、学会包容，是青年学子需要特别关注的三个方面，也是人性中最基本最真实的东西，有助于促进人际关系的和谐。

四、放手有助成长

我们经常可以看到身边有这样的事例：

孩子到一个离家稍微远一点的地方读书，家长就会在学校附近租一套房子，以便照顾孩子。孩子到外地求学，家长甚至可以请假几年不上班，做一个专职的陪读妈妈（爸爸），为的是不让孩子受委屈。

为了便于学生理解，教师在课堂上将一个知识点讲得细而又细，将知识之间的相互联系、不同知识之间的比较和分析写了满满一黑板。学生不需要进行很多思考，只需要将教师写在黑板上的内容抄下来，回去背诵即可……

在加拿大山区行走时，警示牌上经常会出现"被喂饱的熊是死熊"的话语。原来旅行的人们在路边看到熊，通常都很好奇，就会从车中扔东西给熊吃。熊尝到了"甜头"之后，就总是待在路边等着施舍，慢慢就失去了自己觅食的本领。等到冬天没有游客过来喂食之后，熊就会被冻死。

想想看，今天我们很多家长和教师所做的事情不就像喂养"饱熊"一样吗？家长精心的呵护让孩子不用担心自己的衣食住行，同时也让孩子逐渐丧失生活的本领和勇气；教师严谨细致的讲述让学生失去困惑之感和好奇心，就只剩下记忆和背诵。当我们经过多年的努力精心培养出一个个缺乏生活能力又只会死记硬背的"高才生"的时候，我们对他们今后的生活放心吗？他们能成为社会的栋梁吗？

割断脐带本身是内含着一种仪式的，告诉我们孩子在离开母亲的子宫之后，就将逐渐和家长疏远、开始走向独立生活之路了。孩子拼命地练习滚爬、走路，跌倒了再爬起来，就是为了日后能走出家门，去了解外面的大千世界。作为父母和教师，要为孩子的这种努力创造条件，让孩子一点点地学会自理、逐渐独立，而不是什么事情都包办代替。说到底，强壮的体魄、健全的人格、不断提高的生存能力，才是人立足社会不可或缺的基本素质，而这些是"喂"不出来的，也是不能给予的。

不经历风雨，怎能见彩虹？今天不让孩子吃苦受累，等到他必须自己走的时候，就一定会更加吃苦和受累；今天不让孩子主动去学习和探索，等到他工作之后，就会完全失去主动学习和探索的乐趣。我们这个世界变化得太快了，新职业、新岗位不断涌现，需要更多吃苦耐劳、勇于创新的人去担当。放手让孩子自己成长，他们才有可能羽翼渐丰，具备飞翔的能力和实力。

07　把孩子当孩子

从社会结构和文化的层面看，正是因为印刷术的发明，童年的概念才逐渐明晰，儿童也因此成为一个特殊的社会群体；而以电视为代表的娱乐文化的出现，使得成人和儿童两个群体的界限变得模糊，童年正在人们的视线中逐渐消逝。

一、童年概念的产生

在童年概念的产生过程中，有三点非常关键：一是人的读写能力；二是教育；三是人的羞耻心。

在整个中世纪，由于特权阶级的垄断以及纸张获得的困难，文字的传递局限在很小的范围内，大多数民众根本不识字，也不具备读写能力。人们的交流多是通过口头的方式面对面地进行的。没有文字，没有成人可以掌握的一些秘密，成人和儿童就没有必要加以区分。

在中世纪，同样缺乏通过初级教育来教人们读书写字、为继续学习奠定基础的学校。当时的学校要么是教会办的，要么是私人学校，都是为特权阶层的子女提供相关服务的。而且学校里没有年龄限制，一个班级里有不同年龄段的人，包括大多数的成人。这让人感觉不到学校和童年的关系，成人与儿童的差异。

在中世纪，同样没有被分离出来的儿童世界。儿童和成人做同样的游戏，玩同样的玩具，听同样的故事。在儿童面前，成人没有要刻意隐瞒的秘密。也就是说，人们没有羞耻的概念，没有单独开辟的儿童生活空间。

没有识字文化，没有教育的观念，没有羞耻的概念，这些都是中世纪童年不存在的原因所在。

而印刷术的出现，使得这一切发生了巨大的变化。

传播技术的变化无一例外地产生了三种结果：它们改变了人的兴趣结构（人所考虑的事情）、符号的类型（人用以思维的工具），以及社区的本质（思想起源的地方）。

印刷术发明之前，一切人际交流都发生在一定的社会环境下，甚至连阅读采用的也是口语模式：一个读者大声朗读，其他人随后跟上。但自从有了印刷的书籍，另一种传统就开始了：读者无须发声朗读，可以安静阅读、自主思考。印刷给予人们自我，使人们以独特的个体来思索和谈话。这种自我意识促使童年的概念产生并进一步发展。

印刷，推动了科学思想和文化的普及，引发了人们对个性化、富有概念思维的能力的追求，对印刷文字权威的信赖，对清晰、有序的说理能力的热爱。而要做到这些，就要付出很多努力。换句话说，自从有了印刷术，未成年人必须通过学习识字、进入印刷排版的世界，才能变成成人。而要做到这一点，就必须接受教育。

印刷，推动了学校的建设，使童年的概念逐渐明晰。回顾历史，不难发现，凡是识字能力受到始终如一高度重视的地方，就会有学校；凡是有学校的地方，童年的概念就能迅速发展。由于学校是为培养有文化的成人而设计的，儿童因此不再被看作是成人的缩影，而被看作是完全不同的一类人，即未发展成形的成人。

二、童年的特征

从生活、学习等方面看，童年具有如下一些特征：

第一，接受教育。从办学校到根据不同的年龄段将学生分为不同的年级，其中走过了很长一段探索的道路。最初的时候，学校是根据人的阅读能力分班的，而后童年的各个阶段特征变得越来越鲜明，最终导致同龄群体出现。

第二，培养自控能力。弗洛伊德认为，儿童的头脑中有一个无可否认的结构和特殊的内容。例如，儿童富有各种情结和本能的心理冲动。要实现文明，就必须培养儿童的自控能力，要让他们学会思考并控制不利于自己的本能情绪。

第三，有特别的服装。在中世纪，儿童和成人的服装没有什么区别。到了16世纪末，儿童应该有特别的服装，已是约定俗成的事实。

第四，出现儿童语言。在17世纪以前，人们是不关心儿童的语言的，也没有很多有关儿童语言的文字记载。这些都在17世纪有了明显的变化，儿童专用的混杂语和俚语大量出现，而且发展得非常迅速。

第五，育儿变得科学。有关如何育儿的书籍开始大量出现，并得到了人们的热捧。就连家长给孩子起名字的行为，也变得更加庄重了。

第六，重塑家庭关系。社会要求儿童接受长期的正规教育，这导致家长重新定位与孩子的关系。家长的责任变得越来越重大，扮演的角色越来越丰富，演变成了看管者、保护者、养育者、惩罚者、品德和品位的评判者等。

处于童年阶段的孩子，他们说话与成人不同，每天消磨时间的方式不同，学习的内容不同，连思考的东西也不相同。当儿童和成人变得越来越有区别的时候，童年的概念也越来越明晰。

三、童年的消逝

今天，有关童年的概念是得到了进一步强化，还是逐渐弱化了呢？随着时代的发展，特别是以电视为代表的娱乐文化充斥我们生活和社会的方方面面之后，童年正在逐渐消逝。其理由如下：

第一，学习环境发生变化。童年是一个有序学习的时期。将一些专为成人控制的、特定形式的信息，通过合适的方式分阶段提供给儿童，可以让儿童逐渐掌握各方面的知识，提升自己的学习能力，并逐步走向成人。现在，电视、网络等多种媒体改变了信息传递的方式，成人丢失了对信息的控制权，甚至在有些方面还不及儿童知道得多。当儿童有机会接触到大量由成人控制的信息的时候，他们已经被逐出童年这个乐园了。

如前所述，羞耻感是儿童教育中最为珍贵和微妙的一部分。儿童沉浸在一个充满秘密的世界里，心中充满神秘感和敬畏感。现在的各种媒体将成人保守秘密的手段给剥夺了，使得成人没有阴暗和捉摸不定的谜需要隐瞒儿童。这造成了成人和儿童界限的模糊，同时也让儿童丢失了羞耻心，变得无所畏惧。与日俱增的少年犯罪就是明证。

第二，学习方式发生变化。过去人们不能把直接经验传递给别人，这使得语言变得非常重要。但语言学习并不是那么容易的，成熟的阅读所需要的即刻识别能力是要经过长时间学习才能得到的。现在这一切都变得简单了。语言学习逐渐向图像学习过渡，理解电视不需要任何训练，看电视对头脑和行为没有任何要求。当信息的传播通过手指的比画就可以实现时，人们开始沉默了，写作的手也停了下来，因此思考便逐渐放慢。

看电视已经成为人们学习的一种途径，这种途径正在改变学校的教育。因为学校践行的用文字和理性来支撑的学习过程，比电视里描述的难多了。很多儿童感到在学校里学习兴趣不够，这就是其中的原因之一。现在的学校也在迎合电视文化，使运用多媒体教学成为一种时尚。不知道教师在做这些事情的时候，有没有思考过这意味着什么。

第三，读写能力衰退。电视文化带给我们什么？一是没有前后逻辑的大量事实。一个新闻几十秒的时间，让人来不及思考。二是对一个事物从逻辑判断向审美判断的转化。三是信息的大量堆砌。一个孩子还没有来得及提出问题，就被给予一大堆的答案。四是电视将"现在"放大，迫使人们把即刻满足的需要和对后果漠不关心的接收方式视为正常……这一切都将导致儿童的读写能力衰退。

四、给孩子幸福的童年

法国哲学家让-雅克·卢梭（Jean-Jacques Rousseau）说："教育学生最重要的就是把孩子当孩子。"①

把孩子当孩子是最为重要的教育原则，需要家长对此有正确的认识，并能积极加以贯彻。很多家长在孩子很小的时候，就开始为孩子的未来做准备，对孩子的学习生活进行详细的规划，要求孩子不折不扣地去执行。童年，就在其中逐渐消失了。不少孩子感受不到生活的美好，体会不到对生命的热爱。个别极端的孩子遇到一点挫折就采用自残的方式对待自己，甚至拿生命作赌注。但这些并没有引起更多家长的反思和醒悟，这真是很令人痛心的事情。

把孩子当孩子，建立在对童年认识的基础之上，建立在对孩子身心成长规律的正确认识和充分理解的基础之上。作为家长，只有了解孩子在不同时期的生命里面发生了什么，才有可能走进儿童的世界，才能真正地帮助他。

比如，初生婴儿的注意力首先集中在生命自身的维持问题上，其次是生命与环境的关系问题，再次是由这两类问题派生出的问题。生存是婴儿时期的全部目的，对母亲的依恋也就成为他最基本的需要。如果这种需要得不到满足，就会造成对婴儿的心理伤害，婴儿会用大声哭泣表达他的各种恐惧。赫伯特·斯宾塞（Herbert Spencer）还发现了婴儿时期的"皮肤饥饿"现象。他认为，如果一个孩子长期得不到爱抚和关心，就会发育不良，智力衰退，慢慢变迟钝。很多年轻的父母生了孩子之后交由长辈代养，从而导致孩子表现出偏内向、胆小等性格特征。

---

① 丁晓美. 适合孩子的才是最好的 [J]. 华人时刊（校长），2020（08）：46.

比如，不少人对大脑的有效使用问题很感兴趣。看到有人提出大脑只有10%的使用率之后，很多家长想尽各种方法开发孩子的大脑，但对孩子大脑的运作机制缺少了解，给孩子增加了不少负担。事实上，大脑的所有部分都有其功能，但并非同时在运作。大脑的某些功能只配备给孩子成长的某个具体阶段，一旦这个阶段已经顺利度过，大脑会自动弃除这些功能。观察发现，八九个月内的婴儿有两项特殊的本领：一是能辨认不同的猿类面孔，二是能分辨出极其细微的语言发音差别。但是这两样本事基本上过了一岁之后就消失殆尽了。科学家分析总结出这样一个理论：辨认猿类面孔及细微发音差别，对婴儿的生存没有很多益处，反而侵占了有用的空间，因此大脑自动"删除"了这些功能，以便婴儿集中精力开发对其生存有益的能力。

把孩子当孩子，需要父母放下自身的成见，理解并尊重孩子。有这样一个案例：一个孩子写字错误连篇，他的父亲看到之后将错字圈了出来，足有30个之多。父亲要求孩子将每个错字各写一行，孩子说写不完，父亲说这是规定动作，必须完成。孩子无奈，坐下来写，写了一会儿之后哭了起来。他的泪水弄湿了作业本。父亲问他为什么哭，孩子说："告诉你有用吗？""你不说怎么知道没有用？""我刚刚说了，我写不完，你根本不听！"

孩子的这句话像一支箭，射中了父亲的内心。父亲想起了小时候，父母交代的任务经常超出自己的负荷，当自己有困难而又求助无门的时候，很希望他们能理解自己的困难，帮助自己一起想办法，但得到的总是父母冷漠的回应，于是自己长期陷入了孤单、懊恼、悔恨的境地。如今自己做了父亲，面对自己的孩子，仍然沿用当年父母的那套做法，走上了家庭教育最常走的那条路。

作为父母，如果很强硬地坚持某些规则，并未耐心了解孩子的想法，不知道孩子真正的困难，通常会发生三种情况。一是发生冲突。孩子为了争取自我的自由与尊严，奋力反抗。说不定这类孩子也因此被定义为"叛逆孩子"。二是阳奉阴违。表面上孩子会按照规矩来，私下里却另搞一套。三是循规蹈矩。这是家长和教师最希望看到的结果，但孩子的创造力和发展潜能也在其中给抹杀了。

传授知识不是最重要的事情，很多知识只要翻一翻书就可以得到，或者在网上搜索一下就可以得到。孩子是如何看待世界的？他这样看待世界的缘由是什么？帮助孩子学会自主看待世界，远比我们告诉他世界是什么样的重要得多。而要做到这一点，做父母的就要明白：孩子的成长有很多条道路，你不能逼着孩子走和你过去相同的道路。父母先要把自己当成一个人，也把孩子当成一个人，让孩子明白自己的责任，并从中取得成就，而这远比父母的威逼利诱要有效得多……

一项调查表明，大多数有成就的人，他们的意志、兴趣、爱好、理想、性格等都同幼年父母尊重孩子的个性、发展孩子的人性有直接关系。为了给孩子一个幸福的童年，一个精神充实、心灵自由的童年，请把孩子当孩子对待，给他们创设儿童时期应该具备的生活环境，给他们更多可以自由支配的时间，让孩子构建他们生命的内在世界吧！

第四辑

资源的整合

教育不是注满一桶水，而是点燃一把火。

——叶 芝

三人行，必有我师焉，择其善者而从之，其不善者而改之。

——孔 子

生活、工作、学习倘使都能自动，则教育之收效定能事半功倍。所以我们特别注意自动力之培养，使它关注于全部的生活、工作、学习之中。自动是自觉的行动，而不是自发的行动。自觉的行动，需要适当的培养而后可以实现。

——陶行知

01 教育转型的挑战与机遇

教育正处在转型发展的节点上。一方面，在推进新时代教育高质量发展的今天，教育的基础性、先导性、全局性地位和作用更加凸显；同时，教育供给与需求之间的矛盾日益突出，人民群众对更高质量、更加公平、更具个性的教育需求更为迫切。另一方面，以信息技术、人工智能、生物医药等为标志的新一轮产业革命所带来的一系列重大科技创新，在不断改变社会经济的结构和运行方式的同时，也在重塑教育的形态，知识传授与获取的方式、教与学的关系正在发生深刻的变革。在这样的时代背景下从事教育工作，不但需要埋头苦干，还需要站在时代发展的前沿，深刻理解和把握教育变革的新理念、新举措，做教育改革的排头兵、先行者。

一、深刻理解八大理念的实质

《中国教育现代化2035》提出了推进教育现代化的八大基本理念，即"更加注重以德为先，更加注重全面发展，更加注重面向人人，更加注重终身学习，更加注重因材施教，更加注重知行合一，更加注重融合发展，更加注重共建共享"。对此，我们需要有如下四个方面的认识。第一，这是首次提出中国教育现代化的八大理念，是前所未有的，理念先导在这里得到了非常充分的体现。第二，八大理念的前缀"更加注重"提醒我们，这些理念不是第一次提出，在过去的各种教育政策和教育实践中都有提及。《中国教育现代化2035》对这些理念进行了系统性阐述，以此来推动教育内容、教育形式、教育途径和教育环境的深度变革。第三，八大理念都是基于"以人为本"这一核心展开的，遵循了教育的规律和人才成长的规律，也顺应了国际教育发展的趋势。第四，这八大理念体现了对教育自身的要求，强调的是教育本身应该做好的事情。全社会都来关心教育固然是重要的，但打铁还需自身硬，教育自身必须把该做的事情做好。

以下几个方面的深入思考与实践，有助于我们深刻领会和把握中国教育现代化八大理念的实质。

第一，持续更新教育观念。

教育现代化的核心是人的现代化。没有人的现代化，就没有教育的现代化，也就不可能有国家的现代化。八大理念之所以始终聚焦人的发展，其意义就在于此。

实现人的现代化是一件非常困难的事情，绝不是靠增添一些现代化的教育教学设备、增加对教育的投入就能一蹴而就的。不仅仅是学校的教育工作者，还包括家长和社会各界人士都需要经过一个艰难的观念转变的过程。之所以说观念的转变非常艰难，是因为观念是在长期的文化积淀、生活方式、民族心理和社会环境的多重影响下形成的，一旦形成就具有相对稳定的特质。从自身来说，人都有坚持主见、努力让自身观念更加稳定的内在需求。而文化发展、民族心理等也具有相当稳定的品质特征，即便在当下科学技术日新月异的环境中，它们也依然保持着相对稳定的状态。我们经常感叹人的教育观念跟不上时代的步伐，其原因就在于此。

人的教育观念有外铄和内发两大类型。认同外铄的人，认为人的发展主要依靠外在的力量，强调外部教育措施的作用，往往忽视受教育者内心的感受。我国的传统教育主体上就是持外铄观点的教育，这从我们在教育中常用的"塑造""锤炼"等词汇中就能感受得到。认同内发的人，强调人的身心发展力量源自人的内在需求，在实施教育的过程中往往会给予受教育者更多空间和余地。西方的教育观念比较多的是内发式的。改革开放以来，随着国际交往不断增加，我们逐渐发现国外一些先进的教育理念在尊重孩子的个性、激励他们健康成长方面的价值，并逐渐将其引进加以学习和借鉴。国外对中国教育的研究也方兴未艾，最近几年英国更是将上海的数学教材以及教学理念和方法全盘引进，在国际上引起了很大的反响。外铄式的观念和内发式的观念各有特点，也都存在弊端。所谓转变观念，就是不再固守一种教育观念，而是在外铄和内发两种不同的教育观之间寻找到一个恰当的结合点，以便我们既能传承好中华文明，又能适应当今世界的发展。

当下的教育也存在一系列的问题。招生阶段学校掐尖、家长择校；学生进校之后发现分班也很有讲究，无形中就被分成了三六九等；教学的指向性很强，瞄准的就是考试和升学，那些与此没有太大关系的学习内容常被忽略；评价一所学校、一个教师往往就是看考试的成绩和升学率，甚至还进一步细化到考入名校的比例……这些问题和行为的背后，就是不正确的教育观念在作祟。联合国教科文组织发布的《反思教育：向"全球共同利益"的理念转变?》指出，在面对种种矛盾和冲突挑战的当下，需要我们重新定义知识、学习和教育。在教育观念上，要超越狭隘的功利主义，将人类生存的方方面面融合起来，采取开放的、灵活的、全方位的学习方法，为所有人提供发挥自身潜能的机会，以实现可持续的未来、过上有尊严的生活。这就是教育现代化的观念，也是我们在推进教育现代化的过程中应该逐渐形成的共识。

第二，不断完善教育体系。

一个完备的教育体系可以为每一个置身其中的人提供公平、适宜的教育；可以指导人们在工作、生活的任何时候都能行稳致远；可以涵养人的心灵，提升人的素质；可以为家庭和谐、社会安定贡献力量；可以为国家富强、民族振兴夯实根基。

教育体系的完备，首先指的是要构建网络化、数字化、个性化、终身化的教育体系，建设"人人皆学、处处能学、时时可学"的学习型社会，涵盖从人的孕育到生命终息的全过程，包括0~3岁早教、学前教育、国民教育、职业教育、老年教育等各个阶段的教育。既注重满足普通人群的学习需求，又关注到残障人士、孤独症患者等特殊群体的学习需要，保障每个人都有公平地享有学习的权利，每个人都有为社会尽责的义务。让每个人都意识到终身学习是对自己人生最大的投资，也是给自己最大的福利。

教育体系的完备，其次指的是要构建学校、社会、家庭三位一体的教育体系。三方各司其职，又互相协助，共同促进孩子的全面发展。其中，父母是孩子教育的第一责任人。父母最重要的任务就是养育孩子，让他们不仅具有生存能力，而且在生活中能自主地、有能力地追求自己的幸福。学校是孩子教育的第二责任人。学校要落实立德树人的根本任务，通过伦理道德的熏陶和文化知识的传授，培养学生的创造力，呵护孩子的好奇心，帮助他们从自然人成长为社会人。社会是孩子教育的第三责任人。它的责任是为孩子的学习营造良好的环境和氛围，对孩子的成长过程加以监督，在发现家庭或者学校在实施教育的过程中出现漏洞时及时弥补、出现偏差时加以纠正。

教育体系的完备，再次指的是学校的教育要形成一以贯之的培养体系。之所以将学校按幼儿园、小学、初中、高中、大学等不同的学段划分，是因为不同年龄段的孩子在身体发育、心理需求、需要完成的知识积累等方面既存在明显的差异，又有显而易见的联系。构建大中小学和幼儿园一体化的培养体系，就是要围绕"立德树人"这一教育的根本任务顶层设计各学段的课程内容体系，重点建设一体化的德育课程体系，改变过去每个学段在起始年级进行行为规范教育、中段进行感恩教育、毕业年级放飞理想的模式化的德育传统，探索构建符合各学段特点、学段之间纵向衔接的学科德育新路。

第三，构建现代学校制度。

建设现代学校制度，是教育治理体系和治理能力现代化的重要抓手。现代教育制度是立足学校的，是一种以学生的发展为本的制度设计。它的核心价值体现在三个方面：一是促进学校的教育现代化进程；二是促进校长和教师的专业发展；三是促进学生素质的全面提升。

建设现代学校制度要始终坚持"依法办学、自主管理、民主监督、社会参与"的基本原则，积极构建政府、学校、社会之间的新型关系。贯彻落实党的教育方针，严格执行各级各类教育法规，是学校办学的基本要求。改变过去政府负责办学、负责管理学校、负责评价学校的大包大揽的管理模式，给学校更多的办学自主权，让学校自主发展，办出特色，释放更多的发展活力，是现代学校制度建设的要义所在。改变过去由校长一人说了算、少数干部负责执行的学校运行的陈旧机制，让全体教职员工有序参与学校发展规划的编制、年度工作计划的安排、规章制度的制定等涉及学校重大方针政策的讨论，有利于充分激发教职员工的主人翁意识，形成齐抓共管、民主监督的教育发展新格局。在社会发生巨变的今天，学校教育不能闭门造车，要顺应社会发展对人才培养的新需求以及人民群众对教育不断增长的多样化需求，主动邀请教育专家、社会贤达、家长代表等参与学校的事务，营造家庭、社会有序参与学校管理的氛围，创新制度环境，完善治理格局。

建设现代学校制度，要抓住学校章程建设这个"牛鼻子"。学校制定的章程经由教育行政部门审核批准之后，具有相应的制度效力。它是学校各类制度的起点，也是现代学校制度体系建设的核心。学校要以章程为基准全面梳理学校的各项规章制度，构建新型的现代学校制度体系，全面规范教职员工和学生的行为；学校要依据章程的规定制定学校的发展规划，引领教职员工对学校的发展愿景进行共同描绘，努力创建办学特色，并构建保障愿景落地的测评机制，自主监控学校的办学方向；学校要把章程作为处理对外关系的基本制度依据，建立学校与政府、家庭、社会之间的新型关系，营造社会各界都来关心和支持学校的发展的良好氛围。

建设现代学校制度，要加强内涵建设，围绕课程开发、课堂改革、教师专业发展、学生快乐成长等核心要素，促进学校从教育管理向教育治理的方式转变。要突出国家课程的校本化实施以及满足学生个性化需求的校本课程建设，给学生提供丰富多彩的课程选择；要积极探索翻转课堂、主题式学习、研究性学习等多样化的课堂教学方式，让学生兴致盎然地投入学习；要加强以校为本的教学研究，倡导教师的自我反思、教师之间的同伴互助、专家的业务引领相结合的教师成长新模式，让教师在不断提升专业素养的同时给学生的学习提供更加有效的支撑；要着力营造和谐的师生关系、生生关系，让学校成为学生向往的地方，让课程和课堂教学成为学生沉浸其中获得思维高峰体验的乐土，让健康快乐成长的愿景在校园里成为现实。

第四，尊重师生个性发展。

个性发展是指个人品格的方方面面，如智慧、气质、德行等的进一步提升。人的个性不是遗传的，而是在个人生理素质的基础上，在家庭引导、学校教育和社会浸润等的共同作用下逐渐形成并发展起来的。一所名校之所以有名，往往就是因为有若干具有鲜明个性特征的教师，能始终呵护具有鲜明个性特征的学生的成长，并为他们的成长创设最适宜的教育环境。

个性发展不是可以不受约束的自由散漫。蒙台梭利提出："当一个人是自己的主人，在需要遵从某些生活准则的时候，他能节制自己的行为，我们可称他为守纪律的人。"① 这段话简洁明了地阐述了自由和规则之间的关系。人们在观看芭蕾舞表演时，时常被那优美的舞姿所感动。殊不知舞蹈演员的每一个基本动作都不是随意的，他们在台下都要经过非常严酷的持久的训练，在确保每一个基本动作烂熟于心的基础上，将自己对作品的理解和情感融入其中，创造性地加以演绎和表达。学校的规章制度是每位教师和学生必须遵守的行为准则。学校要在他们遵守校规校纪的基础上，给他们创设最大的个性发展时空。

---

① 高慧玲. 浅谈小班幼儿自由与纪律的关系［J］. 试题与研究，2022（05）：128.

个性发展的关键是因材施教。学校要充分研究教师的教育教学能力特点，给他们创设最适合自己的教学平台，让他们充分展示自己的才华。我原来所在的学校，有一位教师在学科教学中始终表现平平，很难凸显闪光点。在对他进行分析研究的过程中，校方发现他在动手实践方面很有才华，而且非常乐意去做，于是就给他创建了航模实验室，并让他把工作重点放在科技教育领域。没想到，这样的调整给他创造了一鸣惊人的机会。同样，教师要认真研究学生，结合他们的兴趣爱好对其进行职业生涯意识的培养、开展职业体验和职业生涯规划，让其真正地认识自己，了解自己在世界之中的位置。亚里士多德说，科学的产生需要同时具备三个条件：闲暇、自由、好奇心。创新意识和实践能力的培养，学生个性化的发展，都建立在因材施教的基础上。

个性发展需要厚实的学校文化土壤的滋养。人都是在文化中成长和发展起来的，教育就是文化的再生产过程。如果一所学校的文化始终坚持以师生为主体、以育人为主要导向，那么就很容易和师生的个性发展需求相契合。因为需求契合，教师和学生就容易认同和支持学校文化，使其成为个人立身社会、成事立业的基石；因为需求契合，教师和学生更容易理解学校文化的内涵，使其为自身的个性发展厚实根基；因为需求契合，校园文化还能给教师和学生的个性发展提供更多展示的舞台，而师生的个性发展又能进一步加强学校文化的独特风格。

第五，用好现代技术资源。

随着科学技术的飞速发展，现代信息技术已经对人类社会进行了一次技术改造，它在社会各个领域的应用正在不断地发展和深化。现代信息技术与教育的融合发展也是当下一个非常重要的热点，在促进教育走向现代化的进程中发挥着重要的作用。

信息技术与教育教学的融合发展，大体经历了四个发展阶段。第一阶段是将信息技术作为知识进行传授的阶段。如学习如何运用 Word、Excel 等基本的电脑软件，教师和学生都经历过这样的阶段。第二阶段是工具和技术在教育教学中的应用阶段。从过去的幻灯机、投影仪到现在的智能白板，看上去设备更新了很多，但应用最多的依然是 PPT 课件。第三阶段是教学模式的改变阶段。利用信息技术的即时通信、自动处理海量数据等功能重构教学模式，如探索实践翻转课堂、慕课教学等。第四阶段是学校形态的改变阶段。充分利用 5G 技术背景下教育资源获取的便利性、即时性、共享性特点，对现在的学校进行重构，打通学校与学校、学校与社会教育机构、学校与家庭的壁垒，创造"能者为师""课程为王"的新型学习环境和全新的学校形态。这是与教育现代化相适应的学校形态。

信息技术与教育教学的融合发展，要充分关注人工智能领域的新进展，研究其给教育教学过程带来的重大变革。伴随着智能设备在教师教学和学生学习过程中的充分运用，大量的数据被收集、处理和分析，使我们能更加清晰地了解学生的个性特点，给他们提供个性化的课程、采用个别化的指导、布置个性化的作业，让因材施教的教育理念真正落到实处。我们能描绘出学生个体的成长轨迹，绘制出学生个体以及学校群体的成长路线图，帮助学生规划人生，发现他们最擅长的事情和感兴趣的活动。教师的教学也因为有了更为丰富和全面的信息、数据，而实现了教学流程的再造。

推动信息技术与教育教学融合发展，最迫切的是培养一批具有现代化教育理念、真诚热爱教育事业、熟练掌握现代信息技术的教师。在教育现代化的场景中，教师的职责也会发生很大的变化，有相当一部分教师将要承担数据架构、数据分析等重任，善于收集多样化的教与学的数据，善于从浩瀚的数据海洋中挖掘"黄金"和"石油"，让其助推教师的专业发展和学生的快乐成长。传统的班级授课制的课堂教学模式也将发生颠覆性的变化，远程视频教学、随时随地学习和指导将成为教学的新常态。

二、基础教育发展面临的四大机遇

在这样的背景下从事基础教育工作，虽然倍感压力，但同时也会意识到其中蕴藏着诸多发展机遇。如果我们能够找准路径，顺势而为，变压力为动力，就有可能在教育综合改革的道路上闯出一条新路，实现基础教育的现代化。以下四个方面的发展机遇，我们一定要抓住。

一是以《中国学生发展核心素养》发布为契机，全力推进学科核心素养、学段教育核心素养的研究。之所以将学校按幼儿园、小学、初中、高中等不同的学段划分，就是因为孩子在相应的年龄段身心发展有其自身的特征，抓住了这一特征，其实就抓住了学段教育的核心。一门学科之所以能成为一个体系，也是因为学科的知识之间存在内在的联系，而且通过核心的概念和规律构筑起学科的"大厦"。构建学生发展的核心素养体系，其实就是在寻找学生成长和发展过程中的关键要素、核心要素，明确教育制度的设计、学科课程的设置、教育方式的选择、教学成效的评价等与核心素养体系之间的逻辑关系。由此进一步明确学段教育、学校课程的基本定位，明确与小康社会相适应的生活性教育的核心要素，并持之以恒地加以推进。

二是以建设数字校园为突破口，推动学校课程的重塑和教学流程的再造。在高质量实施国家课程的基础上，高起点地开发学校课程，让社会上各个方面的专业人士、信息领域的专家和研究者、社会贤达、学生家长等共同参与学校课程的建设，加大数字化课程的开发力度，让更多的课程可以在网络上实现共享，让学生能随时随地参与课程学习。要依据学生的个性特点，设置开放式的教学流程，通过翻转课堂等多种方式，给学生提供个性化的学程。重视对学生学习数据的积累、挖掘和分析，研究学生学习行为背后的教育因素，指导学生更好地投入学习。

三是以教育评价改革为抓手，着力改变社会的评价观，为学生全面健康的发展营造良好的社会环境，为社会未来的发展培育中坚力量。2020年10月，《深化新时代教育评价改革总体方案》出台，吹响了以全面推进教育评价来扭转不科学、不协调的教育发展的改革号角，明确提出"到2035年，基本形成富有时代特征、彰显中国特色、体现世界水平的教育评价体系"的目标，为今后一个阶段的教育评价改革指明了方向，提供了依循。要将这一改革目标落到实处，需要通过更加广泛的宣传和发动，让社会各界都能全方位了解这些新型的评价方式，成为新型评价方式的坚定支持者，从而引导社会评价观的改变；需要更多测量与评价方面的专业人士、政府决策部门和教育系统的工作者积极参与评价改革的实践，通过切实的行为推动教育评价稳步改进。

四是以促进教育和社会各界融合发展为动力，形成教育和社会协同发展的良好态势。教育要关注社会和百姓的需求，在力所能及的情况下开放学校的各种资源给老百姓共享。学校也要善于利用家长的资源、社区的资源、各种社会机构和社会组织的资源，给学生提供各种社会实践机会，让学生体会到知识的实际应用，更加深刻地理解学习的价值和意义。学校要推进法人治理结构建设，通过由教育专家、社区代表、家长代表、教师代表等共同组成的学校理事会，和家长委员会一道定期讨论学校发展的重大问题，研究社区和学校共生的实践方案，探索终身教育意识和机制的建设，促使学校成为社区的文化高地。

三、以开放的心态拥抱这个剧变的世界

在这个剧变的时代，教师个体也面临前所未有的挑战。今天的教师大都是在应试教育的环境下成长起来的，已经习惯于应试教育的一套应对模式，也在用这样的模式教育下一代。教育改革要求教师转变育人模式，这对他们来说无比艰难。一个接一个新的教育改革举措如雨后春笋般地突然来到教师的面前，要求教师放弃习以为常的备课、上课、布置作业、评价的工作流程，改变自己的工作习惯，尝试依据新要求实施教学，这无疑是在促使教师做出重大调整。从关注教学流程和教学内容到关注学生个体的发展，需要教师深入了解学生在学习过程中各具特色的表现，要能给不同的学生画出不同的"像"，做出符合他们个性特征的评价……

挑战和机遇总是结伴而行。越是面临困难甚至挑战，越潜藏着发展

的重要机遇。以不变应万变，在今天完全行不通。教师原有的那一桶水与每天所创造出来的信息之海相比，就如沧海一粟。如果教师自己不能成为学习者，不能紧紧跟上日新月异的变革步伐，很快就会被这个时代所抛弃。盲目地照搬照抄他人的教育经验，也常常会犯水土不服的毛病。几乎所有的教育经验和理论，都是在特定的环境或者条件下被提炼总结出来的，都有其局限性，不能生搬硬套。比如传统文化中的儒家学说，就是建立在农耕文明的基础上的，与工业文明没有什么关系。农耕文明时期的道德主要是私德，工业文明时期所需要的秩序、契约等社会公德，在那个时代几乎没有什么市场。教育改革需要继承传统，但如果不明白传统文化诞生的社会环境，总是期望用过去的经验解决今天教育发展的问题，就可能会在改革的道路上走弯路。再比如杜威的实用主义教育思想以及他所推行的新式学校、新式教育，是建立在以工商业为主的城市教育的基础上的，对世界各国的教育都产生了很大的影响。陶行知在将其教育思想和理论引进中国的时候，就没有照单全收，而是依据当时的社会状况对其进行了改造，用省钱、省时间、通俗易懂的方式开展平民教育，形成了颇具中国特色的生活教育理论。直到今天，陶行知的教育思想依然熠熠生辉。

以开放的心态拥抱这个剧变的世界，着力把握世界各国教育改革的趋势和动态，仔细审视我们自己在教育改革道路上的经验和缺陷，汲取他人的教育智慧，弥补我们在实践中的短板和缺憾，我们就有可能在改革的征途中做得更好。

02　学校教育资源的供给

办一所学生喜欢的学校，让他们每天满怀期待地走进校园，和老师、同学互动交流，切磋共学，是很多教育工作者的梦想。而要做到这一点其实并不难，核心就是明确学校所供给的教育资源是否是学生所需要的。

一、超市与教育供给

在零售业领域，超市的出现是一场革命。

超市诞生于 20 世纪 30 年代的美国。当时，席卷全球的经济危机致使居民的购买力严重不足，零售商纷纷倒闭，生产大量萎缩。1930 年 8 月，美国人迈克尔·库仑（Michael Cullen）在美国纽约州开设了第一家超市——金库仑联合商店。迈克尔·库仑根据他的几十年食品经营经验精确设计了低价策略，以致他的超级市场平均毛利率只有 9%。为了保证售价低廉，必须做到进货价格低廉，而只有大量进货才能压低进价。于是迈克尔·库仑以连锁的方式开设分号，建立起保证大量进货的销售系统。他首创了自助式销售方式，采取一次性集中结算。

二战之后，越来越多的妇女参加工作。人们生活、工作的节奏加快，加上城市交通拥挤，原有零售商店停车设施落后，许多消费者希望能到一家商场，只停车一次，就购齐一周所需的食品和日用品。超市正好顺应了消费者的这种需求，所以得到了很好的发展。

技术的进步也为超市的普及创造了条件。制冷设备的发展为超市储备各种生鲜食品提供了必要条件，包装技术的完善为超市中的顾客自选提供了极大的便利。后来电子技术在商业领域的推广运用，更是促进了超市利用电子设备提高售货机械化程度。此外，冰箱和汽车在家庭中的普及使消费者的大量采购和远距离采购得以实现。

当时的零售业态与社会发展的不协调，催生了超级市场；人们的生活方式以及需求的改变，让超市办得越来越红火；而科技的发展以及在生活中的广泛应用，也为超市进一步降低成本、大规模扩张奠定了基础。

想想看今天的教育，是否也面临着类似于零售业向超市方向转型发展的新挑战和新机遇？

首先，教育目前的发展状况与社会对教育的期盼、与社会发展趋势不协调的问题越来越突出。太关注分数不重视育人的教育现状已经带来了很多的矛盾和困惑，需要教育深化综合改革，确立立德树人的根本任务，培养出更多有创造力的人。其次，进入 21 世纪以来，人们的生活方式和学习方式已经发生了很大的变化，因而教育也要顺应社会发展的新形势，帮助人们适应新时代的生活，而不是固守过去的模式。再次，信息技术在生活和学习领域的广泛运用，已经为教育综合改革奠定了扎实的技术基础。现在需要研究的是如何将信息技术有效地与学校的教育教学活动相融合，借助技术手段重构课程，实现教与学流程的再造，让学生爱上校园，爱上学习。

超市的销售方式很值得教育领域借鉴。

首先，超市是物品的集聚地，人们生活所需要的各种物品基本上都可以在这里购买得到。不同的人在这里各取所需，其乐融融。学校为学生提供的课程也应当如此，课程越是丰富，学生的选择余地越大，学习的主动性和积极性越容易被调动起来。强调选择性并不是反对必修课程，现实的情况是：一个年级的所有学生都必须学习完全相同的课程，通过统一的考试获得学习评价，完全没有选择的权利。学生如果总是在无奈的情况下参与学习生活，要想有好的学习成效是很困难的。

其次，超市提供的物品特别是食品都比较讲究新鲜度。这既体现了超市自身的品质，也为赢得消费者青睐奠定了基础。课程的教学内容也应当如此，越是鲜活的、贴近学生生活和学习实际的内容，越容易引起学生的共鸣。越是远离学生生活的内容，学生学习起来越困难。教材只是一个例子，教师在运用教材的过程中，应该充分联系当下的社会实际，为学生提供鲜活的学习素材，这是一项极为重要的工作。

再次，超市是一个休闲的场所。人们来到这里购物，在这里消费和交流，了解超市有哪些新鲜的物品上架或者有什么样的促销活动开展，这些内容本身就是超市文化的重要组成部分。学校也应当如此。学生到学校里来，不应该一天到晚将弦绷得紧紧的，要通过校园丰富的文化活动，获得张弛有度的生活空间。闲暇出智慧，所有的活动其实都具有教育意义，对学生的大脑发育和身心健康都有积极的意义，关键在于我们如何正确认识并为学生创造好的成长环境。

教育供给方式的改变是教育变革的关键。超市给我们提供了变革的鲜活事例。

二、手抓羊肉与臭鳜鱼

有一次，我曾在新疆哈萨克族的毡房里吃饭。那次我们去的人多，时间比较宽裕，哈萨克族兄弟杀了一只羊，为我们做了一顿午饭，让我记忆深刻。

走进毡房，围桌盘腿而坐，首先送来的是一壶滚烫的奶茶，还没有喝就已经能闻到那四溢的奶香。奶茶里面会放上一点盐，喝起来略带咸味，也能品出茶叶淡淡的清香和一点苦涩的味道。说是吃饭，其实很简单，就是把新鲜的羊肉放入锅内清炖，几乎什么作料也不放，肉炖熟捞出即可食用。热气腾腾的羊肉被装在精致的大盘子中，盘边放着一把割肉的小刀，用小刀割下肉片，手抓肉片直接食用或者蘸着盐或椒盐食用。吃饭的时候少不了洋葱，新疆人称之为"皮牙子"，一般都是切成片生吃，不加任何调料，是羊肉最好的搭配。羊肉吃得差不多了，再来一块馕或者一盘用新鲜的羊肉汤下的大盘面，一顿饭就算吃好了。

因为在安徽生活了很多年，我对那里的臭鳜鱼也有很深的印象。

鳜鱼，原产于长江，每年重阳节到次年清明节为盛产期。臭鳜鱼（现常写成"臭桂鱼"）是皖南屯溪一带的一道名菜。关于这道菜的来历有很多传说，其中一个比较可信的传说是这样的：在200多年前，沿江一带鱼贩将鳜鱼以木桶装运至徽州山区贩卖，途中为防止鲜鱼变质，采取铺一层鱼洒一层淡盐水的办法，经常上下翻动，如此七八天抵达屯溪等地。此时鱼鳃仍是红色，鳞不脱，质未变，只是表皮散发出一种似臭非臭的特殊气味，但是洗净后经热油稍煎，细火烹调，非但无异味，反而鲜香无比，成为脍炙人口的佳肴。

吃臭鳜鱼，你会发现它对作料特别讲究，作料放得不到位，菜的味道就会大不同。当然，在吃臭鳜鱼的时候，你所感受到的主要是作料的味道，而不是鱼本身的鲜味。

由这两道菜的做法和吃法，可以联想到我们今天的课堂教学。比较受学生欢迎的教师，除了自身知识渊博、善于在课堂上旁征博引之外，还有一个非常重要的特征，就是善于从日常生活中找寻学生身边的教育资源，让其成为教学的情境甚至是知识的载体。因为这些事例非常鲜活，给学生带来很强的现实感，课上起来自然生动、活泼。而有些课堂总是让学生昏昏欲睡，一个很重要的原因就是教学内容距离学生生活太远，学生不知道为什么要学习它，对自己有什么价值。教师为了让学生明白，添油加醋地做了很多铺垫，但学生常常还是一脸茫然。

新鲜的食材能激起人们的食欲，还不需要添加很多作料，保持了食材的原味，能让人吃得健康和快乐；放了一段时间的食材，要想让人们吃下去，一定要通过各种作料来调味，这类食物不仅本身的营养成分少，作料中的添加剂也对身体不利。教学也是一样，利用学生身边随手可得的教学资源，不用做很多的铺垫，就可以让学生理解和领悟学习内容，既有助于推进教学进度，也可以节约很多时间；而要让学生理解距离生活很远的教学内容，则常常需要给学生搭建一个个支架，不仅麻烦，而且也有可能达不到预期的效果。

几乎所有的教学内容都因为能解决当下的问题才会被人们所认同和学习，因而这些内容都是可以和当下的社会生活建立联系的。关键在于我们是喜欢吃新鲜健康的，还是喜欢吃添加剂多的。

最后说明一下，这里没有表扬手抓羊肉或者批判臭鳜鱼的意思，只是想借这两道菜说明一个观点。请喜欢吃这些菜的朋友不要介意。

三、帮助孩子学会生活

帮助孩子学会生活，是教育最为重要的使命之一。

相信大家都熟知《教育：财富蕴藏其中》这本著作。这是国际 21世纪教育委员会向联合国教科文组织提交的报告。这一报告对 21 世纪教育的使命做了全新的注解，未来的教育绝不能只满足于给学生一点知识和技艺，它必须将学生置于一个有尊严、有个性、有巨大发展潜能的活的生命体的位置上，全面关注他们的发展需要。报告提出：教育应为人的一生幸福做好准备，未来教育的四大支柱是学生学会认知、学会做事、学会生活、学会生存。

学会生活这件事情，通过直接教导是不可能实现的。教育能做的是帮助学生，让他们自己慢慢地学会生活。最初的时候，孩子是在父母的帮助下学会简单地生活。然后他们走进学校，在教师以及相关的教学资源、社会资源的共同作用下，逐渐开始理解现实世界，学会生活，为自己走向社会做好各方面的准备。

每个人的生活，至少包含三个不同的层面：一是随时面对和处置各种私人问题的个人生活。二是经常要处置的与自己公民身份有关联的生活。比如有关工作的考虑，有关公共话题的讨论，有关公德心、使命感等的思考。三是作为人类一员的生活。比如你想购买一辆汽车，在选择纯电动新能源车还是传统的石油能源车辆时，除了考量性价比、便捷性等因素外，人们通常潜意识中还会考虑有关环境保护、合理利用能源等方面的问题。这些通常都是站在人类生活的角度所做的思考，是对人类生活的一种回应。

学生的生活通常由三个世界组成：一个是由各种符号、各种知识构成的世界；一个是由上述三个层面的生活构成的社会生活世界；还有一个就是人的精神世界。美好的教育应该促使学生在这三个世界中协调发展。我们都知道"一生二，二生三，三生万物"的道理，"三个世界"的和谐发展，可以给学生创设一个美好的成长环境，让他们快乐地徜徉其中，获得健康又富有个性的成长。现在的学校教育对知识世界的关注无以复加，对社会生活的关注偶尔为之，对学生精神世界的关注少之又少。"三个世界"的失衡，既加重了教育负担，也导致了各种教育问题。

让学生学会生活，不仅可以扭转"三个世界"失衡的状况，同时也可以让学生发现所学知识与现实生活的各种联系，发现生活中的各种智慧、各种美好，进而滋养学生的精神世界，因此具有特别重要的意义。但学会生活并不是一件容易的事情，面临着各种困惑和挑战。

首先，学会生活的前提是学会认知。认知和知识是两个不同的概念。简单地说，认知指的是人们获得知识或应用知识的过程，或加工信息的过程，这是人们最基本的心理过程。知识则是人们通过认知学到的东西。当下的学校教育非常重视让学生习得某些知识，但往往忽视对认知过程的了解，由此给学生带来了许多生活上的困难。人们习得的知识有很多种类型，包括文字、概念、理论等。无论什么知识类型，对其的认知都是对现实世界的翻译和重构。我们都知道，只要是翻译和重构，必然会带来信息的遗漏、扭曲甚至误读。所以人在认知的过程中总是会不知不觉就犯错，因而得到的知识往往也是有缺陷的，甚至是错误的。如果人们对认知的基本过程没有清晰的认识，盲目相信和牢记各种知识，在走向现实生活的时候就会遇到各种矛盾和困惑。

我们所面对的有不少是那种比较宏大的、关系错综复杂的、很难用一个简单的模型加以概括的事情，特别是有关人们生活的事情。由于自身视野的局限性，人通常会采取瞎子摸象的方式去尝试了解事物的特点，由此得出的结论通常是片面的、存在偏差的。很多人缺乏对自己认知方式的特点的认识，仅仅凭借自己了解到的只言片语的信息，就开始对事物指手画脚，闹出了许多驴唇不对马嘴的笑话。由此带来的各种挫折，折射出的就是不会生活。

其次，学会生活的基础是学会做事。"纸上得来终觉浅，绝知此事要躬行"，道出了间接经验的学习和实践智慧的提升之间的差异。生活离不开做事，做事少不了协调各方关系。在各类交往和关系中，人们需要理解他人，也需要被他人理解。当下的时代是一个沟通异常便捷的时代，但也是很难理解他人或被他人理解的时代。即便是一家人坐在饭桌上吃饭，经常看到的场景也是各自翻看着手机，忙着和其他人线上聊天或打游戏。相互之间的不理解造成了沟通的障碍，也拉大了心与心之间的距离。在工作中无法相互理解的情况更是常见，很多时候碍于面子或者上下级之间的关系，有些人几乎从不相互沟通，使相互之间的不理解逐渐加剧。而学校的教育生活，很少教学生去理解别人。生活中，由于不理解而产生的痛苦侵蚀着人们的心灵，导致了许多违反生活常态的行为，如相互之间的决裂、咒骂等。

再次，学会生活的核心是学会生存。人类正处在前所未有的剧变时代，知识总量呈几何级数增长，生活节奏伴随着人工智能等信息技术的发展越来越快，许多传统职业逐渐被信息社会淘汰……这些使得生存问题成为当下教育必须重点关注、着力解决的难题。只有在游泳池中实践操练，才能学会游泳，这样的道理同样适用于生存教育。要让学生学会生存，就必须让他们的学习和"三个世界"建立紧密的联系，让其经由现实生活理解知识的价值，发现知识蕴含的智慧；就必须关注学生的精神生活，开发他们的创造潜能，激发他们的创新精神，不断提高学生的生命质量和生存价值，进而使他们在生动活泼、主动和谐的发展过程中真正为自己一生的幸福做好准备。一个具有较强生存能力的人，一定也是会生活的人。

四、为生活而学习

怀特海反复强调，不能加以利用的知识是有害的。只有那些能和人类的感知、情感、欲望、希望，以及能和调节思想的精神活动联系起来的知识，才是有价值的。换句话说，要倡导为生活而学习，通过学习获得更美好的生活。

为生活而学习，需要关注如下三个要素：

1. 相匹配的技能

所学的技能能否运用到生活实践中，一方面取决于所学的技能水平的高低，另一方面取决于所学的技能与生活实践是否有关联、是否有较高的匹配度。

其中，让学生拥有和生活实践相匹配的技能是一件非常困难的事情。这从当下劳动力市场的就业状况就可以看出来。那些毕业于高水平大学的毕业生，因为身上有学校的诸多光环，就业的状况相对还是不错的。而那些从普通大学毕业的学生，在劳动力市场上的受欢迎程度还不及从职业学校毕业的学生。在雇主的需求和学生的所学之间存在很大的落差。两者的不匹配，无形中也浪费了许多的教育资源。

技能匹配的困难，还与这个世界的迅猛发展有关。今天世界上最热门的十项工作，在十年之前根本是不存在的。我们很难准确预测未来十年的发展方向，更不知道十年之后最重要的工作是什么。我们一直说教育是面向未来的事业，但当我们尚不清楚未来的发展趋势时，要在学校里面进行有针对性的人才培养就越发困难了。

这需要教育做出改变，不再固守传统的教育模式和学习内容，而是加强职业教育与通识教育的融合，加强职业教育培训与高等教育之间的流动性，将工作场合的经验应用到学习中，善于在教育和劳动力市场之间找到交叉点，努力消除学习者和雇主之间的隔阂，使学习者在真实情境的学习中获得匹配的技能。

从稳定社会秩序的角度看，让年轻人获得与生活实践相匹配的技能也是非常重要的。如果年轻人拥有满意的工作，对未来充满信心，他们就能为发展安全与和平的社会贡献力量。

2. 解决问题的本领

我们在每天的工作和生活中，随时随地要面对和处置各种各样的问题。有些问题是常规性的，我们在平时已经梳理出解决的流程，可以很自然地加以处置；有些问题是新产生的，没有可以借鉴的思路和办法，需要我们创造性地加以解决。

一个团队由诸多成员组成。经过一段时间，某些人会脱颖而出，一个很重要的原因就是他们在面对新的问题时能提出合理的建议，找到解决问题的路径和方法。

解决问题从根本上看涉及人与人之间的关联性。在一个集体中，如果成员之间非常和谐、友善，建立起了非常亲密的关系，其中的每个人在心态上就会比较平和、放松。当遇到一个问题的时候，大家就会主动地出主意、想办法，一起探索问题的解决方案。相反，如果这个集体让大家感到紧张、恐惧，那谁也不愿意为别人出谋划策，以防枪打出头鸟，没出好主意反而受到奚落。从另一个方面看，一个大家愿意敞开心扉交流的团队，往往会产生思想的碰撞，这些思维的火花常常就是解决问题的关键。

这让我想起了师徒带教的学习方式，那就是一种以解决问题为目标导向的学习活动。师傅和徒弟越是亲密无间，徒弟所习得的解决问题的本领就越强大。在学校里构建和谐的师生关系、生生关系，鼓励学生与世界建立和谐的关系，其价值日益凸显出来了。

3. 创造新的可能

科技和经济的发展是如此迅速，给人们的工作带来了很大的变化。在未来，人们大约只要把25%~40%的时间用在传统意义上的工作和固定场所中，剩下的时间将被用来创造新的可能。工作、学习、生活之间的界限将逐渐变得模糊。

生活在 21 世纪的人们，正在见证人类从消耗知识到创造知识的转变。学校的头等大事就是不断让学生的好奇心保持鲜活，并且确保学生能全神贯注地开展学习。教育的重点将不再是记忆已有的知识，应该转变为发展学生独立发现问题、寻找途径独立解决问题的能力。

要创造新的可能需要我们在三个方面做出努力：一是要进一步夯实基础知识和基本技能，同时要努力提升自身的数字技能和信息化素养；二是要提升协作意识、批判性思维、创造性地解决问题的能力；三是要更新自己看待世界的方式，提升"扫描世界和新局势"的能力。

为生活而学习的理念，会重塑我们对教育的观念，并以此塑造我们周围的世界。这是一个互动的过程，我们要以开放的心态积极投身其中。

五、创设选择的机会

让每个人的个性得到充分自由的发展，是教育的根本目的。而自由的前提就是选择，学生正是在选择中学会享受自由，学会承担责任，学会人格独立的。信息社会为人类带来了前所未有的机遇和挑战，"不断选择"已经成为人们的生活方式之一。培养学生在复杂的情境中独立做出明智的选择，提升他们在社会上生活的技能，自然成为教育的重要任务和目的。

1. 做选择不是一件容易的事情

我们每天都在做这样或者那样的选择。早上上学，是骑共享单车还是坐公交车？下午放学回家，是抓紧时间先把作业做好，还是先休息放松，吃了晚饭之后再说作业的事儿？受四年一次世界杯的诱惑，是熬上一两夜满足一下内心的渴望，还是按时休息保证第二天上学不受影响……很多时候自己下意识地做出了选择，甚至不太明确其中的分析和研判过程；也有一些选择会反反复复，耗费自己大量的时间和精力，职业生涯的选择就属于这样的情况。

职业方向的选择之所以难，是因为这样的选择受多种因素制约。

一是个体、家庭甚至学校的文化背景。有的学生从小就被告知个人选择的重要性，各方都给他创造了大量的机会让其选择，并让其通过选择自行承担责任。这样的学生在面对职业选择问题时，相对就会容易些。多数学生在成长过程中的衣食住行、求学期间的学习活动都是全盘接受成人的安排，很少有自己做主的机会。在这样的文化环境里成长的学生，在面对选择的时候往往就会手足无措。

二是个体对事物以及对自身的认识程度。选择什么作为等级考的课程，是学生从高一开始就必须面临的选择。这涉及学生对课程的熟悉程度，以及自己的职业兴趣与课程之间的内在关联。如果缺乏比较深入的了解，人们往往采取的策略就是选择难度比较小的来做，这样既可以降低风险，又可以让自己有面子。近年来，之所以有那么多人报名生物、地理学科的等级考，与这样的心态是大有关系的。问题是，别人觉得"难"的科目，对自己而言是否就真的难？自己的选择是否与内在发展的需求相一致？如果选择的结果使得很多学生放弃了一些重要的课程，就想着如何在考试中讨巧，这就完全违背了高考招生综合改革的初衷，也违背了教育的本质。

三是选择过程中的复杂心理。有的人选择学习某一课程，是因为有同学选了这门课；有的人则正好相反，看到同学们一窝蜂地选学某一课程，尽管自己也喜欢这门课，这门课的学习也和自己的职业兴趣相一致，但为了不随大流，决然地另作他选。有的学生听家长和老师的，自己缺乏主见；有的学生则坚决地和家长、老师对着干，你说东我偏向西。选择本来是为了追求一种积极的情绪体验，经由选择，自己在这门课程的学习过程中不断为前人做出的辉煌成就所感动，不断为前人总结出的概念、规律所陶醉，并进而下决心一定要学好这门功课。但有了各种心理因素的介入之后，选择就变得复杂了。

2. 职业生涯规划有利于学生实现选择

正因为职业方向的选择很不容易，很多学校在高一新生进校之后，就为大家开设系列职业生涯规划的课程，让学生熟悉和了解当今社会现有的职业，知道相关职业的特点、需要具备的专业要求。有的学校还将高校、科研院所、一些重点行业的领军人士请到学校来开设讲座，或让学生进行相应的职业体验。在榜样力量的感召下，在耳濡目染的熏陶中，学生逐渐体会职业生涯规划的意义，能剖析自身的兴趣爱好和职业取向，为选择职业方向做好思想准备。

在此基础上，很多学校还会通过职业能力测评，对学生的自我认识、人格、职业兴趣、能力等进行评估，帮助学生了解自身的特点，引导学生找准角色定位，做自己擅长的事情，选择更有利于自身特长发挥的课程和人生方向，做出更有针对性的职业生涯规划。只有这样，才容易在今后的工作中更好地提升适应社会的能力，收获职业带来的幸福感。

职业生涯规划事关学生今后的发展，来不得半点马虎。为了让职业生涯规划更有针对性，学校开展的职业能力测试要做好以下三个方面的工作。一是所选择的职业能力测试量表要科学。现在市面上各类职业能力测试的量表很多，有不少已经被证明没有价值、被列入淘汰范围。二是测试量表要经过本土化的二次开发，与高中学生的职业选择需求相吻合。所有的测试量表，都是基于发明者自身所处的文化背景、针对特定人群的实际而开发的。"拿来主义"并非不可以，但需要因地制宜地加以改造。三是测量本身不复杂，给出报告也很容易，只要有大规模的测试群体，就可以针对这一群体的一些共性特征提炼出一组组具有较强普适性的文字，然后针对学生测试中的具体数值做一些匹配即可。这就意味着报告给出的建议往往是笼统的，给出的选择也是多元的。因为缺乏专业性，学生和家长拿到这份报告之后，仍然会无所适从。所以，比测试报告更加重要的是专家或有经验的教师依据报告、结合学生的实际开展的有针对性的解读和指导。把这一步的工作做扎实了，职业能力测试的结果才能在职业生涯规划中发挥重要的作用。

3. 职业生涯规划不可能一蹴而就

高中阶段是学生尝试走向独立的重要阶段，而要走稳这一步，并在今后的职业路途之中少一些折腾、多一些在自己喜爱领域的深度研究和思考，高中的职业生涯规划就显得非常重要。

从某种意义上说，到了高中才开始做职业课程的培训，引导学生在职业方面进行更多的思考，已经有点晚了。在普通教育的各个学段，都应该大力开展职业教育，把"职普融通"这项国家要求落到实处。其中，有两项工作很重要。一是加强职业启蒙教育，职业启蒙教育课程应面向所有学生。它是一种持续性教育，应贯穿基础教育的各个学段。中学毕业的学生，包括中途退学者，都需掌握谋生的技能。二是加强职业认知教育，充分理解和认识各种职业所具备的相关知识、职业环境、所需要的从业人员的基本素质等。有了这样的基础，在高中阶段开展职业生涯规划教育就顺理成章了，学生容易明白，家长也能很好理解。

即便是高一阶段做了职业生涯规划的设计，有了初步的职业发展意向，也并不意味着学生今后就一定会按照规划的道路前行。一方面，有些学生真正的志趣或许连他自己都不清楚，通过一次职业能力测试也很难发现。但在今后的课程学习中，因为某种机缘，他的独特才能被发现、被展示、被欣赏，让他有了新的方向和目标，这样的情况在学校里经常出现。另一方面，当今社会的科学技术日新月异，再过几年最热门、最能让某些学生发挥潜能的工作，或许今天尚未出现。所以，我们鼓励学生进行职业生涯规划，但并不给他们设限，要为他们今后更好地发展留出尽可能广阔的空间。

职业生涯规划的价值和意义，在于让学生对职业有更多的了解，对规划的作用有更多的体认，在人生成长的不同阶段都能有规划地生活，让自己在这不确定的世界里走出确定的人生道路，活出不一样的精彩。

03 家长资源的开发和利用

家长是学校重要的合作伙伴，家长资源是学校重要的教育资源。学校在教育实践过程中，应本着尊重、平等、合作的原则，积极争取家长的理解、支持和主动参与，让家长资源成为学校教育中一道亮丽的风景线。

一、形成家校共育的合力

孩子的成长受各种因素的制约，家庭是其中非常重要的因素。

很多家庭不仅没能给孩子创设良好的生长环境，为孩子的学习营造良好的氛围，还经常以"爱"的名义对孩子施加各种伤害。绝大多数孩子在成长过程中表现出的不良行为都与不恰当的家庭教育有关。

对于家庭中出现的问题，教师是否应该介入？很多教师认为这不是他们的责任，他们没有义务对家长进行教育。这种想法看上去似乎有道理，其实不然。当孩子在学习期间的一个个问题暴露出来之后，教师不可避免地要去协调、处理，但要想在短时间里处理好长期累积的问题是非常困难的。处理一个孩子出现的问题往往会耗费教师大量的时间和精力，搞得他筋疲力尽，而事情也未必能向他期望的方向发展。

既然这样，为什么不在孩子进校的时候就发动家长一起学习如何做父母，如何引导孩子学习，让家长在学段起步的阶段就能理解学校特别是班级教育的愿景，能主动配合老师一起呵护孩子的成长呢？四川省成都石室双楠实验学校的王兮老师，在这方面做了很好的探索。她在教育实践中充分感受到，开发家长的教育资源，让家长成为自己的同盟，教育的效能才能最大化，才能真正帮助孩子成长。而孩子的成长又会进一步提高家长对教师的认可度、配合度，并促使家长不断改进自身家庭教育的方式和途径，由此形成一个良性的循环。

为此，她在接手新班级的过程中，就把家校共育、家长资源的开发和利用放在重要的位置上。她会发动家长和学生一起参与为班级取名的活动；她会及时将学生在班本课程中的各种表现通过家长通讯群发送给每一位家长，让他们关注到孩子的点滴进步；她会及时告诉家长孩子正在阅读的作品，让家长回去配合老师一起讲故事，丰富故事的内涵和情节；她会在网上找寻一些适合家长学习的内容，及时转发给班级里的所有家长，请大家一起分享并交流；她会鼓励家长丰富家庭的藏书，在校图书馆开办家长和学生共同参与的主题阅读讲座，让家长参与班级的管理和义务服务活动……

在这个过程中，孩子的学习积极性得到了充分的调动。更为重要的是，王兮老师看到了家长的转变，充分感受到了他们对自己工作的支持。无论是孩子的学习生活还是班级的事务，家长总会热心地参与其中。开学的时候，他们请来工人师傅将教室里的墙壁粉刷干净，又和孩子一起擦地板，为班级创造一个温馨和谐的学习环境；日常学习期间，家长经常利用自己的专业知识和其他资源，走进教室给孩子介绍理财知识、保健知识，教孩子鉴别石头、认识昆虫，给孩子进行心理测评；到了期末，他们又为孩子装扮教室，为孩子的学习汇报照相，忙得不亦乐乎。

二、让家长成为课程建设者

课程是学生学习和成长的重要载体。学校要提供丰富多彩的课程，以满足学生多元化的发展需求。但要做到这一点并不容易，学生个性化需求的多样性与教师课程建设的有限性之间的矛盾始终存在。尽管学校在课程设置中已经为学生预留了拓展型课程、探究型课程的时空，为学生的个性化发展服务，但仅靠教师的力量很难满足。

化解矛盾最有效的办法就是开发家长的教育资源。学生家长从事的职业千差万别，这些职业本身就是很好的教育资源。有些家长在职业之外，还有自己的爱好、特长甚至是拿手的绝活。家长的这些兴趣爱好在学校里也会有"市场"，会受到学生的追捧。利用好家长的资源，让家长成为学校课程的建设者和实施者，就可以极大地丰富学校校本课程的建设。

在发掘家长的资源、建设校本课程的过程中，需要特别注重三类课程资源的开发和利用：

一是家长学校课程资源。

教育过程是孩子、教师、家长共同成长的过程。在陪伴孩子长大的一天天里，家长、教师会遇到很多方面的问题，需要通过学习提升自身的教育智慧和教育能力。而家长学校就是帮助家长理解家庭教育的内涵、提升家庭教育的技巧、弥补家庭教育的缺失、解决家庭教育中出现的种种问题的重要平台。

通常情况下，家长学校的课程设置、内容主讲都是由学校老师承担的，或者由学校邀请家庭教育方面的专家开设讲座，为家长教育孩子指点迷津。家长大多是根据学校的安排被动地接受教育的。其实，家长队伍中也有丰富的教育资源。学校在家长学校的建设方面，应该重点做如下几个方面的工作：由年级家长委员会和学校一道讨论制订家长学校的课程计划，明确本年度家长应该重点关注的话题；根据课程计划确定授课教师，这些授课教师可以是外请的专家，可以是学校的教师，也可以是家长队伍中的一员；由家长设计并主持家长会，针对学生在校期间的共性问题进行沟通和交流，并请相关的专家给予指导。

对一所学校而言，家长学校还可以划分校级、年级甚至班级等不同的层面。校级层面的家长学校主要针对学校发展、教育教学中的一些共性问题，和家长共同探索"家校共育"的良策。年级层面的家长学校，在课程设置上会更有针对性。比如针对初三学生家长的"提高学生的坚韧性"课程，重在引导家长认识心理调适的重要性，帮助家长和学生缓解迎接中考的焦虑情绪；针对低年级家长的"守护花季，绽放青春"课程，引导家长积极学习教育理论，用自己的言行潜移默化地影响与教育孩子，并努力与学校配合做好教育工作，把单纯重视智育转为智育德育并重。而班级层面的家长学校，更多的是针对班级学生在待人处世、学习风气等方面的一些具体问题，和家长一道探索如何破解班级发展、学风建设等方面的难题。

二是家校共读课程资源。

朱永新先生说："一个人的精神发育史就是他的阅读史。"① 人类的历史有很多的精神丰碑，要达到或者超越那些精神高峰，阅读和思考是唯一的途径。而家长、教师和学生的共同阅读在培养学生的阅读习惯、促进成人理解儿童等方面都有重要的意义。家长、教师和学生在共同阅读一本书的过程中，因为有相似的经历和类似的思考，很容易产生情感上的共鸣，可以就相关话题进行深入探讨，自然而然地敞开心扉，并由此增进彼此之间的亲近感、信任感。

家长、教师和学生的共读活动其实并不局限于书本，优秀的影视作品、经典的戏剧、各类博物馆等都是共读课程资源开发的有效载体。在共读的形式上，也可以采取多样化的方式。观看、写作、美文朗读、演讲比赛，包括互联网背景下的即时交互等，都是共读课程建设中应该着重考虑的。

家长和教师共读一本书，在读书的过程中获得对教育理念的认同，形成家校共育的合力，也是家校共读课程建设的重要组成部分。比如针对《非暴力沟通》这本书，就可以精心组织家长和教师参与共读活动。

---

① 名师阅读史 [J]. 江苏教育，2017（62）：46.

首先选好领读者，既可以是学校的教师，也可以是学生家长；其次设计好共读课程，比如可以将课程设计为 9 个单元，每次 3 小时；再次组织好共读和交流活动，大家在读完一个部分之后就其中的话题展开交流讨论，并联系自身实际探讨现实问题的解决方法，真正做到学以致用。

三是学校拓展课程资源。

学校的拓展型课程重在满足学生个性化发展的需求。但有些学生的个性化需求比较特殊，学校的教师受到各种因素的制约，很难为学生提供相应的课程。开发家长资源就成了解决这一问题的有效途径。很多家长都是某一领域的专家，在自身的领域里有自己的思考和研究。学校若能给家长提供一些帮助，让他们了解课程的基本要素和建设课程需要关注的一些基本问题，家长就有可能把自己的职业经验转化为适合学生学习水平的课程形态。

在一所初级中学，家长就为学生开设了"剪纸""拉丁舞""啦啦操""腰鼓"等系列课程，有效弥补了学校课程资源的不足，也受到了学生的欢迎。在学校举行的校园开放日活动中，家长开发的这些课程也成了展示的热点，受到了各方的关注。

这所学校不仅在拓展型课程的建设方面重视家长资源的开发和利用，在各种仪式、学校的集体活动方面也非常重视家长资源的利用。比如学校的运动会就会有一个非常特殊的方队——家长队参与相关项目比赛，通过家长的以身示范引导学生认识体育的重要性，从而加强体育锻炼。

三、家校沟通的流程和策略

在家校共育的探索方面，有很多教师既是实践者，也是受益者。在原中央教育科学研究所南山附属学校工作的王怀玉老师在这方面很有研究，已经形成了适合小学阶段家校共育的相关操作流程，值得借鉴。王怀玉老师提出，要在家庭教育和学校教育之间架设一座沟通的桥梁，通过家长和教师之间的真诚对话和交流，引导学生、家长、班级集体共同成长。这座桥梁的名字就叫"家校沟通"。

沟通是为了一个特定的目的，人与人之间把信息、思想与感情进行传递和反馈的过程。家校沟通的流程主要由以下三个环节组成。

1. 发出邀请

学生在学校里的很多行为表现与家庭教育是有密切联系的。教师和家长之间建立良好的协作关系，让家长主动参与孩子的教育，而不是抱着惴惴不安的心情到学校接受教师的责问，是家校沟通的目的之一。教师要不断向家长发出"我需要您的积极配合，共同解决孩子成长过程中出现的问题"这样的邀请，并且要让家长产生"我要去配合老师解决自己孩子出现的问题了，老师需要我的合作，我要去承担自己的责任"这样一些正面的、积极的感受。双方有了上述情感的准备，就有了协作的基础。在王怀玉老师的相关著作中，处处都可以看到她和家长之间的这种默契。

2. 交流信息

王怀玉老师认为：教师与家长的合作离不开信息的交流。在工作中，家长与教师之间的误会很多时候就是因为信息沟通不畅造成的。全面地了解各方面的信息，才有可能对孩子的学习行为做出较为准确的判断。这需要教师在和家长交流之前做好前期准备，细致了解孩子行为背后的各种可能性；在和家长交流过程中不要自己滔滔不绝地讲述，要给家长营造畅所欲言的谈话氛围，要妥善地向家长描述孩子的行为事实，不要轻易做出是非评价。充分的信息交流还有助于双方关注那些被自己忽略的信息，对自身的教育行为和孩子的成长有新的思考。

3. 达成协议

沟通成功与否要看双方是否达成了有效协议，是否建立起良好的协作关系。日益多元化的社会、纷至沓来的大量信息，无时无刻不在刺激着孩子的感官，对他们的心理、思维、行为等产生很大的影响，也给家庭和学校的教育提出了新的挑战。在这种情况下，家校之间的合作尤为重要，需要双方形成一种合力，共同探索孩子的内心世界，有的放矢地寻求孩子能接受的教育方法。针对孩子成长中的某一具体事项进行沟通，通过建立协作关系引导孩子固然重要，但更重要的是在学校学习的全程中建立起家校良好的协作关系。这也是家校沟通最为重要的目的。

为了让家校沟通富有成效，王怀玉老师还提出了如下三个策略：

1. 营造沟通文化

简单地说，文化就是人们的生活方式。有的孩子整天迷恋电脑，放了学就盯着屏幕，线上打游戏打到天昏地暗，怎么都不听家长的话，原因何在？很可能这个家庭的主文化就是"看电视"。晚餐后的家庭时间，全家人都在看电视，却要把孩子推到房间里读书，孩子怎能静下心来？

家校沟通的成效，与其中的文化建设也有很大的关系。教师对待家校沟通的态度要积极、要真诚。自己内心有了期盼合作的需求，才会用积极的心态来做好这件事情；自己用诚挚的态度对待家长，才会赢得家长的信任。教师要尊重家长，要善于换位思考，理解家长为孩子所做的一切，用商量、征询的语气心平气和地和家长沟通，共同探寻教育孩子的方法。教师要经常提醒自己教育术语具有专业特性，注意用简单的语言、易懂的言辞向家长传达讯息，让家长理解你的意图。教师和家长沟通还要注意场合。处理同样一件事情，由于场合不同、氛围不同，人们的心情心绪也不同，对这件事情的感受和理解程度也大不一样。

2. 建立沟通规则

由于竞技体育有明确的规则，人们可以据此确定谁做得更好。家校沟通也要有相应的规则，这些规则应该由家长和学校双方协商确定，然后共同执行。没有规则，家长和学校在教育孩子的过程中就会缺乏约束，使得协作流于形式。

沟通规则可以让大家明白什么事情是可以做的，什么事情是不可以做的，有利于家长和教师各自明确在教育过程中应承担的责任。这种责任分担的机制需要家长和教师协商沟通、互相讨论并确立下来。教师应该主动一点，家长也需要积极一点。王怀玉老师对此很有心得：开展班级的每项活动，教师都要经过深思熟虑，明确告知家长活动意图，明确划分家长应该承担的相应职责，引导家长进入教育者的角色，为以后家长主动参加班级活动打下良好的心理基础。

3. 明确应对姿态

在执行规则的过程中，最需要注意的就是应对姿态了。当家长出现不符合教师期望的行为，或者出现违反规则的行为时，教师应该采取怎样的应对措施呢？王怀玉老师告诉我们，教师要努力做到不被自己的情绪所绑架，通过深呼吸试着和自己的内在渴望相联结，用平稳的声音和家长进行交流和沟通。其目的并不是去改变别人，而是真诚地表达自我。

当教师懂得更真诚地表达自我，并引导家长共同将目光聚焦在探索孩子成长的话题上时，家长就会更容易感受到教师的那份真诚，并积极投入家校共育的活动。

04 用好各种资源

学习资源是一个系统，这一系统是由人、材料、工具、设施、活动等五种要素构成的。这些要素可以组成不同的资源，有些是自然环境和社会环境中存在的、可直接加以利用的资源，有些是为促进学习而特地设计出来的资源。人的思想观念、活动方式，材料的物理、化学特性，工具的形态、功能，设施的形状、大小、用途，活动的方式、场所等构成了极为丰富的、可以开发利用的资源形态。这一系统的各个要素之间不断地发生信息和能量的转换，从而使资源不断地进行排列组合，生发出无限多样的资源形态。

一谈到学习资源，给人的感觉就是教科书、习题集以及品种繁多的教辅书。其实学习资源的类型远不止这些，乡土资源、图书馆、科技馆、博物馆、实验室、互联网络和智能存储设备、云平台等都是学生学习的重要资源。此前，我们已经对学校教育资源的供给、家长资源的开发和利用等进行了探讨，本节重点讨论如何用好其他资源来促进学生的成长。

一、注重开发社区资源

每所学校都有自己的社区环境，社区与学校有着天然的联系。社区是学生校外生活的主要场所，也是学校教育信息、教育效果向外辐射的接收区。这种天然的联系决定了社区是最有可能也是最愿意为学校提供服务和方便的社会环境。把目光从学校转向学校所在的社区，因地制宜开发学生学习的物质资源和人力资源。将学生的学习活动延伸到社区，既可以丰富学习资源，又可以加深学生对社区的了解和关心，以及增强他们对社区的责任感。

我曾经在上海市杨浦高级中学工作多年，也亲身参与了学校开发社区资源的工作，对此有非常深刻的感受。杨浦高级中学周围高校林立，学校部分学生就是这些高校教师的子女。学校在建设校本课程——课题型课程时，首先想到的就是发挥周边大学的优势，拓展学生的学习资源。

通过和相关大学教务处沟通交流，杨浦高级中学和周边大学达成了共识。大学每年推荐一批专家和教授到中学开设专题讲座，带教"小研究生"，引导中学生经历科学研究的全过程；中学组织学生到大学进行参观，了解大学的校风校貌，参观著名的实验室，跟着大学教授一起动手实践，体验科学家的创造性劳动，感受他们一丝不苟、严谨求实的科学精神和工作作风。不少学生因为在中学期间有这样难得的学习经历而明确了个人的发展志向。

由于地区的差异以及学校所处环境的差异，不是每一所学校都能像杨浦高级中学这样具有得天独厚的高校资源，但这并不意味着学校就没有社区资源可以开发。关键在于我们要正确认识社区资源，找准促进学生成长与社区资源融合的切入点。

社区的学习资源有很多种类型，从大的方面看，主要包括如下几种：

人力资源：在社区中，肯定有不少在某一领域学有所长的专家、学者（这里的专家除了是在社会上具有一定声望的知名人士外，也可以是专业从业人员，也可以是修车的师傅，等等），这些都是潜在的学习资源。他们的科学精神和独具风采的人格魅力，他们对所从事的专业精益求精的工作态度，他们的一手绝活，都可以潜移默化地对学生施加影响。

社区的科研机构：社区的各类实验室和科研场所不仅可以为学生提供学习的物质资源，也可以为学生提供丰富的人文资源。

社区的信息情报资源：社区的图书馆、环境监测站、卫生防疫站……在这些地方，学生可以获得许多直接的或者间接的与学习相关的信息，体会所学知识和生活实际相联系的意义，并可以得到不同领域专家的点拨指导。

经典馆藏资源：博物馆、图书馆……各种场馆里的馆藏珍品能给学生提供非常重要的资源。

科普活动基地：大到如上海的东方绿舟、上海科技馆，小到社区里的社会实践活动站，都可以成为重要的学习资源集聚地。

……

开发和利用社区教育资源，需要获得社区的大力支持，需要与社区建立长期、稳定的关系。要建立这种关系，要做到以下三点：

第一，要让学生走出去。把学生置于一种动态、开放、主动、多元的学习环境中，让社区的相关成员一道参与进来，在理解和协作的基础上一起开发学习资源。

第二，把社区里的专业人士请进来。学校要善于发现并活用本地区各行各业的专业人士，应当理解他们关心学校的情感，通过"请进来"的方式加强学校内外的联系。比如可以把一些专家和学者请到学校对教师进行培训，为师生开设讲座，和校领导、教师甚至学生进行座谈、交流。还可以针对学生的学习需求，邀请相关的专业人士为学生开设课程。

第三，要构建学校与社区良好的关系。首先，要让社区了解学校的意图，了解开放社区资源的必要性和重要性。其次，要讲清楚希望社区为学校提供怎样的协助，并与社区共同研讨具体的实施方案。再次，要在学生运用社区资源开展活动的过程中，邀请社区的有关人员积极参与，对学生的学习状况进行评价，探索学校和社区资源共建的新路。

二、善于利用自然资源

寒来暑往，秋收冬藏。云腾致雨，露结为霜。这一切就出现在人们身边，它既是简单的又是深奥的，既是熟悉的又是陌生的。这些发生在我们身边的自然现象就是非常珍贵的学习资源。人类在承受工业化社会掠夺资源的代价后，逐渐认识到人与自然和谐相处的重要性。人类只有回归自然，才能持续发展。引导学生亲近自然、走进自然、拥抱自然，已经成为时代赋予学校的历史使命。

1. 保持对身边事物的敏感

2019 年，我经历了一次工作单位的调整。由于新单位离家比较近，我开始步行上下班。从家到单位沿途会经过一个湿地公园，还要经过一所高校，这些区域的植被非常丰富。即便是城市道路的两侧，在园林工作者的精心布置下也是鲜花不断，一年四季总是生机盎然。

在这样的环境中行走，很自然地就会被身边的景致所吸引。像石榴树、槐树、合欢树等植物，小时候经常看着它们花开花落，对它们有着深厚的情感；像丁香、栀子花、蔷薇等植物，首次相识是在流行歌曲中，近距离观赏则有别样的感受；像野豌豆、吊瓜这些野生或栽培的植物，有着悠久的历史，在《诗经》中都能找到它们的踪迹；像粉黛乱子草、马鞭草、松果菊等近些年的热门植物，都是引进的植物品种，丰富了人们的物质和精神世界。

越是对这些植物关注和了解，越会有令人惊奇的发现。唐代诗人杜牧夜泊秦淮河，想起陈后主故事，借古喻今写下了名作《泊秦淮》："烟笼寒水月笼沙，夜泊秦淮近酒家。商女不知亡国恨，隔江犹唱后庭花。"这后庭花是什么植物呢？有一年我参加民进上海市委组织的西部教师培训活动，在贵州见到了青葙这种植物。在对它进行研究的过程中，我发现它的花在某种情况下会出现缀化现象，其变异的品种即我们常见的鸡冠花。北宋苏辙曾写道："……或言矮鸡冠即玉树后庭花。"南宋王灼在

《碧鸡漫志》中也写道："吴蜀鸡冠花有一种小者，高不过五六寸。或红，或浅红，或白，或浅白，世目曰后庭花。"你看，从青葙到鸡冠花再到后庭花，这样的发现历程是我初见青葙时完全没有想到的。

有一次，我在家附近的河道边散步，被一种花香所吸引，仔细辨别，发现是一种开着黄花的、枝条长长的草本植物释放出来的。花儿虽小，香气却很浓郁，通过查询才知道它的名字叫草木樨。在研究这种植物的时候，我有了意外的发现。古时候的人们为防止蠹虫咬食书籍，会在书中放置几片芸香片。植物学家在大量考证的基础上发现，古代藏书所用的"芸香"并非现在植物分类中的芸香，其实就是草木樨。我们常说"书香门第"，这里"书香"既不指墨香，也不指纸香，是指书中所夹的草木樨散发的香味。夹有草木樨的书籍，书中清香之气日久不散，打开书后香气袭人，故而称之为"书香"。你看，一次偶然的相遇，产生了对"书香"的新认识，这样的际遇多么有趣！

每个人的心中都有好奇的种子，这些花卉植物就是诱发我好奇心的催化剂。每认识一种植物，我就会有意料之外的发现，就会有意想不到的惊喜。原以为写上几篇文章、好奇心得到满足之后，我的兴趣也就淡了。没想到对植物的了解越多，我的好奇心就越强，以至于我写了一篇又一篇关于植物的文章，颇有欲罢不能之感。

2. 发现花草生长的智慧

每一株植物都是一个神奇的世界。很多落叶植物春季以后才开花长叶，人们以为这些植物在整个冬季也像很多动物那样处于冬眠的状态。其实不然，在秋叶下落的时候，新的叶芽和花芽就已经开始萌发，它们在整个冬季一直在蓄势，就等着大自然的"发令枪"呢。像迎春花、白玉兰等植物，总是急不可待地向人们传递春的讯息，给人们带来春的希望；而茉莉花、荷花等总伴随着火热的夏天绽放自己的风采；木芙蓉、菊花等不慌不忙，在深秋季节一次次令人们惊艳；山茶花、梅花则不畏严寒，让人们在凛冽的冬季也能看到生活的美好。

在漫长的演化过程中，植物为了繁衍生息，进化出了许多有趣的机制。比如很多植物有色彩鲜艳的花瓣，这既是为了吸引昆虫造访，也是给昆虫取食花蜜提供停歇的平台；比如雌雄同株的植物雌蕊和雄蕊不同时成熟，是为了防止昆虫在帮助授粉的过程中自花授粉，从而保证异花授粉；比如为了让特定的昆虫前来觅食，有些植物会选择开花的时机，有的甚至仅在晚上开花，以保证传粉的有效性；比如不少植物自身无法移动，它们要么结出果皮鲜艳的果子，吸引鸟类前来食用，从而将种子传播出去，要么给果实安上翅膀（翅果），借助风力把种子散播出去……

植物生长过程中的很多机制，可以用学校里所学的相关知识来解释。比如紫露草，每朵花有 3 片花瓣，花瓣之间互成 120°角。这种用极少量的材料制作出来的花瓣有点儿像凹面镜，可以使照射在花瓣上的光反射并聚焦在雄蕊花丝顶端那些细小的念珠点上，从而吸引蜜蜂的注意力，让蜜蜂飞过来帮着完成传粉的工作。紫露草不产蜜，所以没有花蜜的芳香，这样就避免了其他昆虫过来搅局，只让对花粉感兴趣的蜜蜂专门提供服务。再比如月见草，它的花瓣具有类似耳朵的功能。当蜜蜂的嗡嗡声传过来时，它会在短短的几分钟内将花蜜中糖分的浓度提高 20%左右，以此来吸引蜜蜂采蜜，同时让其帮着完成授粉的工作。

植物中的数学知识就更多了。科学家发现，植物的叶子、花瓣和果实的数目与斐波那契数列有巧妙的关联。斐波那契数列是这样一组数列：1、1、2、3、5、8、13、21、34、…这个数列有一个规律，就是从第 3 个数字开始，每一个数字都是前两项之和。比如紫露草有 3 片花瓣，桃花和梨花分别有 5 片花瓣，波斯菊有 8 片花瓣，瓜叶菊有 13 片花瓣，向日葵的花瓣有的是 21 片、有的是 34 片，等等。这些植物的花瓣数就与该数列中的数字有关。又比如向日葵花盘中的果实组成了两组螺旋线，每组螺旋线的数量也与斐波那契数列中的数字相关。更有趣的是，向日葵的果实生长遵循 137.5°黄金角排列模式。之所以会有这样的排列，与地磁场对植物的长期影响有很大关系。更令人叫绝的是，这样的排列模式竟然达到了最有利于通风、采光并兼顾排列密度的效果。建筑师常借助这样的黄金角排列设计相关的建筑，既节约建材，又能达到最佳的效果。

在研究花卉植物的过程中，我经常联想到当下的教育。高质量的教育有一个很重要的特点，就是让学生从现实生活中发现问题，以学科为依托探寻问题的解决路径，从中获得新知，掌握解决问题的路径和方法。其中，从现实中发现问题是学习的起点。这要求我们保持对身边事物的敏感，留意事物发生的各种变化。

三、善于变废为宝

除了自然资源之外，在我们的生产、生活中也要用到很多其他资源。对这些资源进行二次开发，也是资源利用的有效途径。

有一个学校地处小镇，学校从实际出发，重点开发以下两类资源：一类是周边工厂生产的边角料、废工具、废品；另一类是生活中的各种废品，如各种饮料瓶、精美的外包装等。这些"废物"可变为学生动手实践的好材料。下面是他们开发的一些资源以及这些资源在课程建设中的一些主要用途：

类别	内 容	来 源	用 途
金属	废铜皮	铜材厂	制电池夹、船螺旋桨、舵、焊片
	断钢锯	机械厂	装柄后作锯子、凿子、刀
	废锉刀	金工车间	充磁后作永磁块
	硅钢片	变压器厂	制小型变压器、环形变压器
木板	中密度板	音箱厂	制小木盒、笔筒、丁字尺、七巧板
	三夹板	家具厂	制小木盒、飞机机翼、笔筒

类别	内　容	来　源	用　途
塑料	有机玻璃	静电厂	做摩擦起电实验，制丁字尺
	有机玻璃	磁带盒厂	制电池盒、电子制作支架
玻璃	玻璃管	玻璃厂	做切割实验、拉伸弯曲实验，制滴管、喷泉
	透镜（次）	光仪厂	制望远镜，做透镜成像实验
瓶	化妆品瓶	生活用品	制底座（里面灌水泥），插入支架
	雪碧瓶	生活用品	制量筒、水火箭，剪花，编织
罐	易拉罐	生活用品	制"土电话"，把底剪下作天平盘子，编织
	食品罐	生活用品	制"魔罐"（前进后自动回来）、焊片、电池夹
外壳	电筒壳	生活用品	作无线话筒外壳
	牙膏壳	生活用品	制潜水艇，编织
泡沫	泡沫塑料	生活用品	制轮船，刻字，刻模型
	海绵类	生活用品	作音箱吸音材料
纸	香烟盒	生活用品	制飞机机翼，编织
	衣服包装盒	生活用品	作电子琴外壳、电子制作外壳
	礼品盒	生活用品	作电子制作外壳，编织
	挂历	生活用品	编织，绘制工艺图

　　生活中，可以开发与利用的资源种类是极为丰富的。认识自然，融入自然，与自然界和谐共处，是学生素质养成的重要内容，也是学习资源开发与利用过程中应体现的一个基本理念。

四、开发其他资源

开发和利用各种资源，不仅仅是学校的事情，更需要社会各界自觉自愿地行动起来，为学生的健康成长奠基。

上海承担教育综合改革和高考改革率先试点的重任之后，我们充分意识到必须从课程视野积极推进改革，为改革提供鲜活的经验。于是我们在上海市虹口区启动了高中学生"戏剧进校园"课程，改变过去一到假期学生就被家长安排四处补课的教育生态，为高中学生搭建社会实践的大舞台，吸引区域各校的高中学生积极参与戏剧的排演，为他们的综合素质评价提供实践的平台。

我们将这一想法和叶良骏老师进行沟通，得到了她的全力响应和支持。叶老师是一位作家，也是"爱满天下"教育主张的践行者，更是陶行知先生教育教学思想的传播者，对学校教育工作有着难以割舍的情感。

为了让高中学生充分参与其中，通过与叶良骏老师沟通，我们达成了共识：每年编排一部与虹口的历史文化题材相关、对今天的中学生有教育意义的戏剧，除了专业的编剧、导演、舞美设计师、音乐制作人之外，所有的演员、剧组的场记、部分道具的制作员、道具（服装）管理员、剧务、通讯稿撰写员、海报设计员……均由在舞台表演方面毫无经验的高中学生担任。

从 2014 年起，叶老师将工作的重点转向了这一课程的建设。为纪念中国人民抗日战争暨世界反法西斯战争胜利 70 周年，她以二战时期犹太难民在虹口生活的历史为背景，创编大型歌舞剧《东方之舟》，于 2015 年公演；为庆祝建党 95 周年，她以"左联五烈士"，在虹口生活过的鲁迅、瞿秋白、陶行知，国歌的作曲者聂耳、国旗的设计者曾联松等为原型，创编学生戏剧《赤子之心》，于 2016 年公演；她抓住"七七事变"80 周年和中国人民解放军建军 90 周年这一时间节点，结合虹口的历史文化和教育资源，以曾经发生在虹口塘沽路的真人真事为素材，创编革命历史剧《黎明之前》，于2017年正式演出；她以叶澄衷践行"兴天下之利，莫大于兴学"的理念，在虹口创办沪上第一所班级授课制新式学堂的史实为背景，创编弘扬海派文化、江南文化的历史话剧《天下之利》，于2018年正式公演……

亲自动手创编剧本是一件非常耗费精力的事情，叶良骏老师为此付出了无数的心血。每创作一部剧本，她都要到历史事件发生的现场实地考察，到博物馆、陈列室等处查询并核实相关历史事件的产生脉络，了解当时的社会文化背景，采访当事人或者他们的后代，找寻第一手资料。那些被她编入剧中的重要历史人物，有些曾经在上海以外的地方生活过一段时间。她也会到当地采风，力求所讲述的事件和人物的故事准确无误。除此之外，她还要兼顾上海高中生的实际，采用他们喜闻乐见的表现手法将一个个故事串联起来，形成完整的剧本。每年一部大戏，其中的辛酸苦辣，相信只有叶老师本人才能说得清楚。

每到暑假，叶老师和她的专业团队就开始忙活起来了。从全区高中生中海选演职人员，把那些对戏剧感兴趣又有潜质的高中生选拔出来；对他们进行表演基本知识的培训和表演技能的训练；分配角色和剧组的各项任务，为每个学生找准自己的定位，让他们不管担任主角还是配角，不管是做演员还是幕后工作者，都能安心地在团队里做好自己的工作；细分每个角色和岗位的任务、安排专业人员指导排练，让学生慢慢地进入角色扮演；组织学生带妆彩排，最终呈现精彩的舞台……导演平时接触的都是专业的演员，现在要面对的是一群毫无经验的学生，有时说了半天学生都听不懂。而时间又是如此紧迫，只有一个暑假的时间，就要让这些没有任何舞台经验的学生发生脱胎换骨的变化，能为大家呈献一场赏心悦目、令人惊艳的大戏。这几乎是无法完成的任务，但叶老师和她的专业团队做到了。

叶老师在其中起到了非常关键的作用。她和专业团队的成员进行协调，让他们不要着急，相信这些高中生会一点点进步和成长起来；她仔细观察入选的每个学生的特点，做学生的思想工作，让他们意识到戏剧需要团队合作，帮助他们认识自己、在戏剧的排演中找准定位；她对每个岗位学生的工作状况进行观察，及时把握他们的思想动态和情绪变化，做到及时回应和耐心陪伴，让每个学生都能安心待在剧组里；她通过亲身示范、传帮带等各种方式帮助学生提升表演技能和专业水准，激发他们各方面的潜能，让他们一步步走向专业，在完成演出任务的同时爱上戏剧……如果没有叶老师的坚持不懈和循循善诱，这件事情是做不成的。

叶良骏老师在创作每一部戏剧的过程中都特别强调戏剧的教育意义。就拿《东方之舟》这部戏剧来说，整部戏强调的关键词有三个，分别是忍耐、坚持和希望。这不仅是对那段特别的日子里犹太人生活的写照，对今天的每一个人来说也是很有价值的。在当下的"速食"时代，人们的生活节奏越来越快，能静下心来认认真真地做好一件事情的人越来越少。人们希望立刻看到结果，不愿意等待；希望立刻就有成效，不愿意坚持……但真实的世界并不是这样的，每一项科研成果、每一场精彩的演出，都是经过无数次的研究和试验、经历一次次的排练和磨合才呈现出来的，没有一件事情是随随便便就能做成的。对学生演员而言，这三个词也是演好每一部戏剧的关键。要在别人享受悠闲假期的酷热夏季集中排练，付出很多的辛劳和汗水；要学着进行"角色转换"，走出自我，深入剧中角色的内心世界，将他人的所思所想表达出来；要学会团队合作，把控好自己所扮演的角色和整体的关系；要背诵大段的台词并声情并茂地展演出来……这都需要这些学生具有忍耐的品质，相信坚持的力量，同时又对自己充满希望。

戏剧的角色扮演让学生学会换位思考，想方设法把所扮演角色的喜怒哀乐理解透彻，并将他的心境呈现出来，这有助于学生改变以自我为中心的思维方式；戏剧强调团队合作，要求学生通过协作完成作品，充分关注到除自己以外的其他人的需求与感受，接受其他人对同一事物的不同观点，逐渐学会包容与尊重；戏剧契合了学生的精神需求，使学生通过表演切身感受到故事中人物的心情、人物命运的起伏跌宕，从而获得丰富的体验和精神上的满足；戏剧是一门综合性艺术，排练演出过程中要涉及执行、表达、组织、创造等多方面的能力，能充分发挥学生的多种才能，提升他们的综合素养。

正是由于有上述共识，叶良骏老师和她的专业团队才愿意深耕于此，一次次挑战自我。

我们知道，很多学校都有戏剧社，很多老师也在指导学生排演各种各样的戏剧。但他们所做的要么是排练几分钟的课本剧，要么是模仿一部戏剧作品的片段，很少能编排一部长达100分钟的大型舞台剧，给学生创设如此广阔的戏剧舞台和多元的演出时空。但在叶良骏老师、殷超斌导演等专业人员的倾情帮助下，学生做到了！正是他们这些文学、戏剧界专家的加盟，使学生出演的每一个剧目的艺术质量都得到了保证，学生的演技也突飞猛进。学生从这群敬业的老师身上学会了做人做事，产生了非常好的效果。

05 数字化与教育的未来

信息技术的迅猛发展给整个社会带来巨大的变化，同时也在改变着人们的生活方式和学习方式。处处都是学习的场所、处处都有学习的可能，在今天已经成为现实。身处这一时代，每个人都应充分认识到信息技术的价值和意义。学校教育更要重视与信息技术的融合，为自身在转型发展中插上信息技术的翅膀。

一、从"墙洞实验"到"云端学校"

对世界各国的基础教育改革有些了解的人，一定都听说过"墙洞实验"。

1999 年，苏伽特·米特拉（Sugata Mitra）在印度卡尔卡基（Kalkaji）贫民窟的一面墙上挖了一个洞，将一台电脑嵌入其中，并将电脑屏幕面向孩子平时玩耍的一片空地。很快，这台电脑就吸引了孩子。在没有任何人教他们如何操作的情况下，他们打开了网页，在电脑上学会了玩游戏、画画、搜索信息，以及相关的英语语言。

这就是著名的"墙洞实验"。苏伽特在印度的很多地方重复了这个实验，同样惊喜地发现这些孩子很快就学会了如何操作电脑，学会了纠正英语语音，自学了未接触过的生物科学技术等知识。在意大利的实验更加令人震惊，学生在完全听不懂老师所说的英语的情况下，自主通过网络将英语翻译成意大利语，再通过合作探究学习，成功地解开了老师出的难题。

在"墙洞实验"研究的基础上，苏伽特进一步提出"云端学校"的构想，并在世界各国开展了面向未来的新型学习方式的实践与探索。"云端学校"有两个基本的特征。一是努力为儿童营造"自组织学习环境"：一个不少于25平方米、至少可以容纳24个孩子的视觉良好的学习空间，有4~6台可以上网的屏幕比较大的电脑，还需要一台投影仪便于学生和来自世界各地的志愿者互动，再加上一些辅助的设施即可。二是构建支持儿童学习的"奶奶云"。即在互联网上为儿童提供志愿者，每一位志愿者都是一位"云奶奶"。他们的作用不是去教儿童学什么，而是与儿童开展交流和对话，在对话中发现有价值的问题，引导儿童就这些问题进行自主探究，在儿童取得学习进展的时候衷心地加以赞美。实验结果表明，只要给孩子一个任务，即便没有教师的帮助，他们也能将其完成。

通过对孩子学习行为的监控，苏伽特发现即使在学习资源最差的地区，儿童在没有教师指导的情况下也能通过自我探索实现自主学习，甚至还能教别人。他由此提出了一种学习理论：学习是一种自组织行为。每个孩子都有自学能力，都能自主建构知识。

怎样让学习更加有效地发生，是教育改革着力要突破的难点之一。苏伽特的实验无疑为此提供了路径和方向。其实，如果仔细观察那些尚未进入学校、尚未接受正规教育的儿童在自然状态下的学习，仔细研究他们是在怎样的状况下学会平衡肌体、表达语言、认识空间、了解数字的，研究他们个性化学习的特征，就会发现每个孩子都是杰出的学习者，天生都具备自主学习能力。孩子进入学校成为一名学生之后，往往受制于课程内容、课后作业等，被安排大量的学习活动，以致逐渐失去自我学习的时空。苏伽特的学习理论只不过是提醒我们要保护孩子这些优良的学习天性，提醒教育工作者要把个性化学习、自主学习能力的培养作为教育的核心任务。

二、从传统教育到未来教育

在传统大规模班级授课的状况下，教师很难兼顾到班级中的每一个学生，因材施教、个性化学习只能是一种理想。随着数字技术与学校教育深度融合，传统的教与学的生态正在发生根本性的转变。下面是几种正在发生的转变：

一是个性化学习。虽然班级授课制依然是当下的主流教学方式，但数字技术正通过如下三个途径，助力个性化学习时代的到来。一是学生拥有的便携式智能设备，正在推动数字技术与日常学习活动融合。学生可以利用网络资源辅助学习，甚至通过 ChatGPT 等通用大模型帮助自己梳理思路、提炼观点。二是学习分析领域不断发展，学生开始拥有属于自己的数字画像。随着数字采集越来越便捷和分析能力不断提升，数据对学习的支持作用愈发凸显。个体可以从这些数字画像中找到自信、发现问题，为后续的学习制订个性化的方案。三是类似于自适应学习平台等诸多人工智能学习技术，逐渐在学校大规模使用。学生可以从中找到自己的学习起点，可以按照自己的学习节奏安排学习活动，可以在和自己过去的状态进行比较的过程中发现学习是否有进步。

个性化学习目前仍处在探索和试点阶段，要成为学校场域中学习的新常态，取决于三项关键技术的进一步完善：一是能不着痕迹地对学习者的学习行为和学习环境进行跟踪和数据采集；二是能根据所采集的数据对学习者的当前状态加以分析，并预测其未来的发展；三是能在分析的基础上，确定促进学习者能力发展的最优行动方案。

二是学习参与度。学习者全神贯注地沉浸于某项活动，甚至忘记了时间、空间的存在，是参与度的体现，也是评估教育成效的一个重要指标。参与是有意义学习的先决条件，参与度的保持涉及认知和社会情感能力。积极参与的学生，通常都为学习做了充分的准备；而那些心不在焉的学生则毫无学习动力。

新西兰学者格雷厄姆·纳托尔（Graham Nuthall）和他的团队通过无痕采集信息的方式对大量的课堂学习活动进行详细观察，并将相关的研究成果汇集在《学习者的隐秘生活：让课堂学习看得见》一书中。在书中作者介绍了课堂生活由三个不同的世界组成①：

一是教师看到并管理的公共世界。这是由教师负责设计并管理的世界，包括班级公约、课堂里的教学活动、一些约定俗成的做法等。大多数教师眼中所看到的就是这样的世界，很多人走进课堂听课评课，所观察到的也是这样的世界。但这样的世界仅仅是学生整个课堂生活世界的一小部分，也是学生学习中占比很小的一部分。

二是同伴关系持续发展的半私人世界。这是一个由学生确立并维持其社会角色和地位的世界，在不同的学生身上有不同的表现。学生来到学校，一个重要的任务就是在同伴互动中学习社会交往，知道自己在某种情况下应该采取怎样的姿态加以应对。学习活动经常发生在同伴关系的互动中。

三是学生心灵的私人世界。这是学生的认知和信念发生变化的地方。学生将自己对周边世界的各种认识都存储在这里，又在这里和新知识建立联系，引发学习活动的产生、思维的改变。学习需要体验，而那些重要的学习体验都是内生的，它们来自学生的心灵世界。

这样的发现提醒我们，教师对课堂生活的影响是有限的，教师教了不等于学生学了。学生是否参与学习，与同伴关系是否发挥重要的作用，学习内容是否唤起学生的认知体验有重要的关联。

彼得·利耶达尔（Peter Liljedahl）在《为什么你的学生不思考？》一书中，介绍了他的团队对数学课的相关观察和研究。教师在详细讲述一类问题的基本解题步骤后，通常会在课堂上出示一个类似的问题，让学生试着运用新的解题步骤来解决问题。那么，学生是如何去"试一试"的呢？本书的作者和他的团队观察发现，学生在课堂上经常出现这

---

① 格雷厄姆·纳托尔. 学习者的隐秘生活：让课堂学习看得见［M］. 宋其辉，译. 上海：华东师范大学出版社，2024：76.

样几种情况：一是偷懒，要么玩手机来打发时间或和其他偷懒的同学聊天，要么什么都不做，因为他们根本就没有参与前面的学习，不知道老师介绍的解题步骤是怎么回事；二是拖延，用与解题无关的行为来打发时间，比如削铅笔、喝水或是在书包里翻来翻去等；三是假装学习，装出一副认真做题的模样，但其实并没有在做题；四是模仿学习，参考老师给出的例题去解决新问题，但一碰到新问题稍有变化就会卡住，他们看上去很努力，但其实也没有参与学习；五是自主学习，这类学生会埋头思考，把老师布置的题目和自己学过的知识联系起来，但这类学生通常不超过20%。

格雷厄姆·纳托尔从课堂的整体样态出发，发现学生是否参与学习，取决于我们是否认识和理解"三个世界"；彼得·利耶达尔通过对课堂上学生自主学习环节的观察，发现在数学课堂上真正参与学习的学生人数是非常有限的。这些研究为数字技术背景下学习参与度的探讨提供了方向。

随着数字技术逐渐融入课堂教学，有关学习参与度的研究成为各方关注的焦点。学校努力积累各种数据，试图描述学生是如何参与学习的。尽管现在已经有了海量的数据积累，但这些数据往往聚焦于学生非常基本的行为模式，如登录次数、视频播放次数等，对参与度的测量还停留在浅层。参与度被认为是一个广泛而复杂的概念，涉及教育经历的不同方面和多个时间跨度，涉及社会情感领域。如何设计促进学生参与和深度学习的数字学习体验，是一项具有挑战性的任务。

三是学习分析技术。所谓学习分析，即对学习者所处的学习环境数据进行测量、收集、分析与报告，其目的是理解并优化学习及学习环境、优化学校的组织管理。在宏观层面，学习分析的结果可以帮助教师确定学生的发展方向；在中观层面，数据分析报告有助于教师改进教学；在微观层面，数据分析报告能让教师对学生的学习情况有具体的了解，从而实现因材施教。传统的学习测评和教育测评是基于项目反应理论进行数据收集和统计学分析的，数据量相对较小。学习分析的优势在于能采用机器学习方法，最大限度地收集、分析和展示学习者相关数据，并将结果反馈用于指导教育和学习，以量化的方式为教育和学习的改进、发展提供证据支持。

实现学习分析的主阵地在课堂。采集课堂教学中的各种数据，对学生如何在学习活动中提升技能和素养进行建模，将内隐的学习过程可视化，为教师捕捉学生的课堂学习行为提供证据，是学习分析技术与课堂教学融合的重要切入点。目前已经有不少学习分析技术在课堂实践中加以应用，但总体来看还有很大的提升空间：数据的自动采集和分析能力不强，课堂教学中教师在仪器和学生之间来回奔波等现象还比较普遍。如何促进课堂教学的精细化管理，为教师赋能，还有很长的路要走。从发展的愿景看，学习分析技术将在创新师生互动模式、释放教师的教学智慧、提升教师的数据决策素养等方面发挥更加重要的作用。

四是学习预警机制。一些学生因为各种原因跟不上教师的教学节奏，甚至不能完成基础教育阶段的学业，从而导致辍学等，这是非常现实的教育问题和社会问题。在过去的很长时间里，教育系统纷纷探索建立预警机制、制订预警指标，对特殊群体进行跟踪观察。但受制于数据采集的渠道、方式等，这些观察机制往往挂一漏万。导致学生掉队、辍学等的因素很多，既可能与学校、教师甚至同学有关，也可能和家庭有关，还可能与社区的文化环境有关。近年来，伴随着数字技术在各个领域的广泛运用，可用于准确预测辍学的新型数字技术已经出现，主要包括模式分析、数据科学、大数据分析、学习分析和机器学习等。现在需要突破的是，如何将学校系统内部的各种数据、社区的各种数据、家校社协同的各种数据整合起来，建立一个新的预警体系，通过综合分析利益相关方的多元数据，推断学生掉队、辍学的困境和原因，更好地制订和调整干预措施。

学习预警机制，还要关照到校园里的特殊学生群体。现在给学生配置的各种数字产品大多数是通用型的，较少考虑孤独症、残障学生的需求，在教学实践中可能会导致教育新的不公平。特殊学生学习中的障碍，既包括身体障碍，也包括认知和神经发育障碍。其中的某些障碍，比如阅读困难、书写困难等，往往只有在教育教学过程中才会显现出来。对这类潜在障碍的发现和识别，只能有赖于教师的关注。在为有特殊需要的学生提供支持方面，技术显然正在发挥越来越重要的作用，相关的检测技术和工具能让教师更快地发现学生发展中的异常，指导和帮助家庭采取有针对性的措施，帮助孩子渡过难关。在这方面，现在最需要做的是花时间了解什么是特殊学生的真正需求，而不是凭空想象他们的需求，设计一些不实用的数字产品。

五是伴随式评价。传统评价方式的一大缺陷是将学习与评价分开，让学生不断地学习大量的知识，一段时间甚至几年以后，以简单的离散问题或小型任务为基础，测试他们能否在短时间内呈现这些知识的一小部分。人们越来越深刻地认识到，学习的目的在于运用，要让学生在真实的情境中开展学习、解决问题。伴随式评价就像"导航仪"，重在对学生的学习方向进行测定，在学生遇到学习困难时提供支架。评价的目的不再是甄别和选拔，而是激励和帮助。数字技术支持的评价是实现上述评价转型的重要支点。新型的评价总是伴随学习活动开展，通过观察学生与真实的学习场景之间的复杂交互，进而了解学生的推理和认知过程；通过整合过程性评价和终结性评价，考查学生更为复杂的技能和素养，如问题解决能力、协作能力、创造力、社会情感等。

在评价结果的运用上，数字技术也在持续发力。学习中的过程性评价对学生来说有重要的价值，但这样的评价过于"个性化"，很难作为证据使用。对此，区块链能发挥更大的作用。所谓"区块"，是指存储各种数据的所在，包括需存储的业务数据、加解密所需的数据和所有权相关的数据等；"链"，是指以上区块按顺序排列，如同一条长链，新的区块只能出现在链的末端，链上已有的区块，无论所含内容还是排列顺序都不可更改。区块链的主要价值在于提供了一种使多方达成共识的机制，它可以创建真正具备交互操作性的全球数字认证生态系统：任何人都可以与他人交换学业记录，可以及时进行遴选和验证，且无须担心造假。当下，区块链在教育领域的应用还不广泛，但从长远的角度看，它在保护教育生态、维护版权秩序、构建评价新机制、鼓励教育创新等方面将展现出很好的发展前景。

三、未来教育的四种可能

未来的教育有怎样的样态？未来的学校是什么样的？未来的学习通过怎样的方式开展？经济合作与发展组织（OECD）在《回到教育的未来》报告中展望了 2040 年的教育，并对此做出了大胆的构想。①

可能性之一：学校功能依旧，但内涵发生了很大的改变。

到 2040 年，学校教育的结构和过程仍然存在，现有的大规模学校教育系统将持续下去，从幼儿到高中的基础教育都会受到重视，课程建设与学生核心素养培育继续成为关注的焦点。但一些根本性的转变将在学校里发生，主要表现在以下几个方面：一是教学组织形态重塑，线上线下混合式教学将成为常态，课程安排会更加灵活，传统学科之间的界限变得模糊；二是数字技术助力分析和研究学生的学习行为，个性化学习将成为被普遍认同和接受的学习方式；三是教师工作的重点将从原来的学科教学转向更加关注学生的情感需求和学习动机，如"学习数据分析师"等新的职业会在学校里火起来；四是培养学生终身学习的习惯和能力将成为学习系统的核心。

可能性之二：学校成为学习中心，连接各种资源。

学校依然是教育系统的中心，但核心作用在于为学习者创设相互连接的教育网络，将博物馆、图书馆、科研院所等各种社会资源加以整合，通过学校、家庭和社会建立起来的良好伙伴关系，帮助学生发展认知和情感。变化主要体现在：一是正规和非正规学习之间的界限变得模糊，越来越多的学生将普通课程和职业课程的元素结合起来，以此形成

① 经济合作与发展组织. 回到教育的未来：OECD 关于学校教育的四种图景 [M]. 窦卫霖，张悦晨，王淑琦，译. 上海：上海教育出版社，2022：53.

自己独特的个性化学习之路；二是学习的主阵地并不总是在教室和学校内，由教育专业人员指导的在多场域开展的学习将成为常态；三是学习的内容不再局限于书本，面向现实生活的、没有确定性答案的探究性问题是学生实践性学习的重要载体；四是对教师专业提出新要求，除了丰富教育教学知识外，还需要强化多种教育网络之间的紧密联系；五是学校被重新定义为与社区和其他地方服务机构建立紧密联系的地方，各方参与学校治理成为常态，评判学校的标准因社区而异。

可能性之三：学校尚在，但发挥的是补救作用。

随着数字化进程持续加速和社会对幸福持续关注，未来将有很多工作会被机器所替代，人们受教育的时间会进一步延长，工作的时间会进一步缩短，终身学习成为人们消耗闲暇时光的重要方式。受教育程度越来越高的家长会推动多样化的公共或私人教学与学习组织方案的出现。主要表现为：一是学生的学习将通过更加多样化、私有化和灵活的方式开展，学习的形式包括家庭教育、在线学习和社区教学等，数字技术将成为其中的关键驱动力；二是与学生新形态下的学习相适应的专业服务平台和咨询机构将蓬勃发展，它们将为学生提供学习平台服务、评估学习成效、评定教育或教学资质等，由此催生新的职业，如独立看护人员、职业顾问、技能市场分析师、教育学专家等；三是学生的学习不在传统学校里开展，但学校还会作为一种"补救方案"存在，为家长提供免费或低成本的看护服务；四是政府的教育治理模式将发生根本性的改变，从原来的直接管理转向制定和监管标准和规则。

可能性之四：学校系统或将瓦解，免费的学习机会随处可见。

随着人工智能、虚拟现实、增强现实以及物联网的快速发展，现代社会越来越依赖机器，正式学习与非正式学习不再有区别，免费的学习机会随处可见。传统学校的课程结构将走向衰落，学校系统也有可能随之瓦解。未来的学习将呈现如下几种可能：一是所有的学习资源都将变得"合情合理"，"学习助理"会根据个人的好奇心和需求提出个性化学习解决方案；二是教师这一职业将不复存在，个人成为自己学习的

"产消者"；三是各类学习机会随处可见，有些是由人类提供的，有些则是由机器创造的；四是人们能深入、即时评估与认证知识、技能和态度，不再需要第三方在认证中发挥中介作用；五是教育、工作和休闲之间的界限变得模糊，对数字化学习空间的监管将成为新的课题。

数字技术一次次取得突破性的进展，给未来的社会发展带来太多的不确定性。上述四种变化可能，或许会渐次发生，或许会有跳跃式的发展。对此，我们该做好怎样的准备？

苏伽特认为，只有三种最基本的东西在今后的大数据时代是学生用得到和必须学的：第一是阅读理解能力，第二是信息检索能力，第三是与教条抗衡的能力。

你觉得呢？

后 记

　　2018 年，我曾在长江文艺出版社出版《让教育更明亮》一书，畅谈了自己对教育要素问题的相关思考。一晃几年过去，教育环境发生了很大变化，人们对教育的理解和认识也有了很大变化，需要站在新时代教育高质量发展的视角，重新认识教育的相关要素。我吸收了《让教育更明亮》一书中到目前为止仍然有价值的观点，对每一部分都做了梳理调整，补充了不少鲜活的素材和案例，形成了大家看到的这部作品。

　　之所以执着于思考教育要素，是因为我有一个期待，希望通过对这些涉及教育本源的要素的探究，引导家长不必局限于点点滴滴的得失之中，不必被功利主义所羁绊，多从孩子一生发展的视角看待教育；引导教师成为孩子成长道路上的一盏灯，始终坚守传递光明这一理想信念，把自己和民族、国家的发展紧密联系在一起。家长和教育工作者只有自己想明白了，心里通畅透亮了，才会为孩子营造更加明亮的生长环境，孩子的未来自然一片光明。这无论对家庭、对民族，还是对国家来说，都是非常有意义的。

　　在复杂的教育系统中选取其中的若干要素讨论，很有可能出现"只见树木不见森林"的情况，我在写作的过程中已经关注到了这一点，并努力以联系的、动态的视角分析教育要素的价值，展现它们在教育体系中的作用。但是否依然只是就事论事，没能把握教育的核心议题，只能留给读者评说了。

感谢上海教育出版社，在得知我有重新撰写有关教育要素的书稿的想法之后，给予了我积极的响应和全力的支持。相关负责人亲自上门和我沟通书籍出版的具体事宜，并就书稿、文宣等相关细节提出了很多富有创意的意见和建议。我最近的几本图书都是由上海教育出版社负责编辑出版的，他们的专业力量和敬业精神让我感动。

感谢全国各地的读者朋友们。我每一本书的出版，均得益于大家的热情鼓励。此前出版的几部作品都有许多读者阅读并撰写心得体会文章，让我从中了解读者的所需和所求，也更加深刻地意识到从事教育写作的价值和意义。大家一路上的激励和支持，给予了我很大的力量和前行的动力。

感谢我的爱人，承担了家庭里的各种事务，让我能够腾出时间来静心思考，安心写作。没有她的全力支持，就不会有这部作品的问世。

要感谢的人还有很多，这里就不再一一列举了。我深切地认识到，每个人都不是孤立的个体，而是体系中的一个要素、一个有机体。个人的每一点成果和收获都与这个体系所给予的支持有着密不可分的关系。个人所付出的努力也能为这个体系的发展和完善做出切实的贡献。

再次感谢您的阅读！

图书在版编目（CIP）数据

让教育更明亮：教育升维的四个要素 / 常生龙著.
上海：上海教育出版社，2024.6. — ISBN 978-7-5720-
2730-7

Ⅰ. G40-03

中国国家版本馆CIP数据核字第2024JY0965号

策　　划　朱丹瑾

责任编辑　殷有为　马佳希　方　晨

封面设计　奇文云海

美术编辑　王　捷

让教育更明亮：教育升维的四个要素
常生龙　著

出版发行　上海教育出版社有限公司
官　　网　www.seph.com.cn
地　　址　上海市闵行区号景路159弄C座
邮　　编　201101
印　　刷　上海展强印刷有限公司
开　　本　700×1000　1/16　印张16.25　插页1
字　　数　226千字
版　　次　2024年7月第1版
印　　次　2024年7月第1次印刷
书　　号　ISBN 978-7-5720-2730-7/G·2407
定　　价　68.00元（全二册）

如发现质量问题，读者可向本社调换　电话：021-64373213

教育的目的

　　家庭是孩子的第一所学校，父母是孩子的第一任教师。家庭所创设的文化环境、父母养育孩子的方式方法，都直接影响着孩子的身心发展。

　　怎样的习惯才算好？能使才能、人格充分发展的是好习惯，能把事情做得妥善的是好习惯，能使公众得到福祉的是好习惯。

　　教师不再总是在课堂上念教参了，不担心课堂会"失控"了，而是敢于让学生发表自己的主见了，会独立思考的学生就会慢慢多起来了。

教育应当是现在生活的过程而非对未来生活的准备。学校要把教育与儿童眼前的生活融为一体，教会儿童适应眼前的生活环境。

培养批判性思维的本质是培养人们区分事物表象和本质，判断事物真伪的能力。

如果家长和教师担心过度，给孩子很多限制，他们就有可能被挫折困住，被大人的经验所束缚或局限，成长就会大打折扣。

要培养学生的公民意识，比较好的方法就是抓住当前的一些社会热点问题，选择契合学生身心发展特征的内容切入，让学生在真实的环境中尽自己的责任，在尽责的过程中思考如何做公民。

教育应该让孩子明白，他们所学到的东西能帮助他们理解在自己的生命中所发生的一系列事情。

对孩子的无限溺爱和过度保护，会剥夺孩子学习"如何生存"及"活得更好"的机会。其结果，就是让孩子变成飞不起来、等别人喂食的鸭子。

只要双足不被捆起，孩子总会找到自己的路；要是硬在鱼身上接上双足，反而剥夺了它自在游水的可能。

教育应当从尊重生命开始，使人性向善，使人胸襟开阔，使人唤起自己身上美好的"善根"，使人拥有美好的心境，要培养学生"面对一丛野菊花而怦然心动的情怀"。

错误是进步的契机，学习的过程就是修正的过程；人的行为是没有完美的上限的，只有比较好，没有最好。教师的耐心，有可能使错误变成美丽。

让教育更明亮

万物生长有自己的节奏和规律，教书育人也是如此。将"生命自觉"作为价值取向的教育，一定是遵循规律的教育。

教育是面向未来的事业，但所有的教育行为都必须立足当下，让孩子在当下活得愉快，健康成长。

第二辑

育人的规律

尽管家长、教师有很多的事情做得比孩子要好，但一定不要越俎代庖，要给孩子亲身实践和尝试的机会，没有这些小的成功的学习，孩子是做不了大事情的。

教育的低效，是因为教育过程缺乏心灵感应，是因为教育者一刻不停地说教。

幼儿能敏感地体会到周围人的性格，因此孩子周围的人一定要非常诚实正直，每个人都是孩子的教师。教师的亲身示范比教师说的任何话都更能教育人。

师有情，生有情，师生才有情；教有趣，学有趣，教学才有趣。

教师的任务首先在于发现学生身上最好的东西，去发展它，尽量避免用条条框框去约束它。

通向儿童心灵的道路不是一条只需要教育者及时铲除杂草（儿童的缺点）、平坦而洁净的小道，而是一片肥沃的田地，儿童的各种优秀品德像幼苗一样，将在这块土地上逐渐成长。

　　教育技巧的全部奥秘就在于信任孩子，爱护儿童这种积极向上的精神和努力以及他们提高道德水平的积极性。

第三辑

家庭的责任

父母在教育儿童之前，首先要回忆自己的童年，努力站在儿童的角度去理解、尊重儿童，根据儿童身心发展的规律，为儿童实现自身的潜能提供所需的帮助。

教育要为儿童当下的幸福奠基，只有儿童幸福快乐了，他长大成人之后才会有幸福的一生。

固定的生活秩序和不变的家庭规矩，就是在筑一道围墙，一道让孩子感到安全的围墙，让他明白什么事情是可以做的，什么事情是不可以做的。

　　家庭环境既是一双无形的手，也是一双有力的手，孩子生活在其中，耳濡目染，慢慢地就形成了与家庭环境相一致的生活方式和道德品行。

　　亲子阅读，一方面是借助阅读教给孩子生活的哲理，另一方面是通过共读增进亲子感情和互动，最后一方面也让家长不断感悟童心，发现童年的秘密。

　　温暖亲密的关系是美好生活最重要的开场，不论你今年几岁，都有机会在爱里获得重生。

看见就是回应，回应就意味着孩子被看见。没有回应，孩子就像生活在黑暗中，什么也看不见。有回应就像一缕光，照亮了孩子的世界，让孩子感受到了被爱、被理解和被看见。

最好的父母是将教育孩子当作一门学问或者一项事业，最差的父母就是一心一意做孩子的取款机。榜样的力量是无穷的。父母为孩子树立良好的榜样，孩子这辈子离幸福就不会太远。

所有局限都是从自我设限开始的。我们常常通过这样的自我设限将自己排除在成功的大门之外。

　　说到底，强壮的体魄、健全的人格、不断提高的生存能力，才是人立足社会不可或缺的基本素质，而这些是"喂"不出来的，也是不能给予的。

　　我们这个世界变化得太快了，新职业、新岗位不断涌现，需要更多吃苦耐劳、勇于创新的人去担当。放手让孩子自己成长，他们才有可能羽翼渐丰，具备飞翔的能力和实力。

　　帮助孩子学会自主看待世界，远比我们告诉他世界是什么样的重要得多。

　　为了给孩子一个幸福的童年，一个精神充实、心灵自由的童年，请把孩子当孩子对待，给他们创设儿童时期应该具备的生活环境，给他们更多可以自由支配的时间，让孩子构建他们生命的内在世界吧！

第四辑

资源的整合

闲暇出智慧，所有的活动其实都具有教育意义，对学生的大脑发育和身心健康都有积极的意义，关键在于我们如何正确认识并为学生创造好的成长环境。

学校的头等大事就是不断让学生的好奇心保持鲜活，并且确保学生能全神贯注地开展学习。教育的重点将不再是记忆已有的知识，应该转变为发展学生独立发现问题、寻找途径独立解决问题的能力。

为生活而学习的理念，会重塑我们对教育的观念，并以此塑造我们周围的世界。

职业生涯规划的价值和意义，在于让学生对职业有更多的了解，对规划的作用有更多的体认，在人生成长的不同阶段都能有规划地生活，让自己在这不确定的世界里走出确定的人生道路，活出不一样的精彩。

开发家长的教育资源，让家长成为自己的同盟，教育的效能才能最大化，才能真正帮助孩子成长。

当教师懂得更真诚地表达自我，并引导家长共同将目光聚焦在探索孩子成长的话题上时，家长就会更容易感受到教师的那份真诚，并积极投入家校共育的活动。

高质量的教育有一个很重要的特点，就是让学生从现实生活中发现问题，以学科为依托探寻问题的解决路径，从中获得新知，掌握解决问题的路径和方法。

处处都是学习的场所、处处都有学习的可能，在今天已经成为现实。